AF290503

edition + plus

Jesper Juul

Das Beste von Jesper Juul

Wesentliche Beziehungsfragen und Antworten

16
familylab
Schriftenreihe

Jesper Juul

Das Beste von Jesper Juul

Wesentliche Beziehungsfragen und Antworten

Inhalt

Jesper Juul,

1948–2019, war einer der bedeutendsten und innovativsten Familientherapeuten Europas und Autor zahlreicher internationaler Bestseller zum Thema Erziehung und Familie.

1972 schloss er sein Studium der Geschichte, Religionspädagogik und europäischen Geistesgeschichte ab. Statt die Lehrerlaufbahn einzuschlagen, nahm er eine Stelle als Heimerzieher und später als Sozialarbeiter an und bildete sich in Holland und den USA bei Walter Kempler zum Familientherapeuten weiter.

Er war bis 2004 Leiter des »*Kempler Institute of Scandinavia*« in Odder, nahe Aarhus, das er 1979 gründete. Seine respektvolle, gleichwürdige Art, mit Menschen umzugehen, beeindruckte Fachleute und Eltern immer wieder neu.

2004 gründete er *familylab International*.

Mathias Voelchert gründete *familylab.de* in Deutschland im Jahr 2006, so entstand eine enge Zusammenarbeit bis zum Sommer 2019.

Vorwort des Herausgebers Mathias Voelchert

Gründer und Leiter *familylab.de –*
Die Familienwerkstatt in Deutschland

Bei der Vorbereitung und Auswahl der Texte für dieses Buch, habe ich erneut die Fragen der Eltern gelesen und dazu die Antworten von Jesper Juul. Ich war wieder genau so fasziniert von seinem Esprit und seiner Tiefgründigkeit, wie schon so oft in unserer langen Zusammenarbeit. Als wäre er nie weg gewesen. – Einfach ein toller Mensch!

Jesper Juul's Antworten sind getragen von tiefer Mitmenschlichkeit, Wohlwollen und Kenntnis. Gleichzeitig lässt er sich nicht in Bockshorn jagen und schreckt auch nicht davor zurück zu provozieren.

Wie so oft habe ich mich beim Lesen der Elternfragen selbst gefragt, was wird er wohl jetzt sagen? Was hätte ich gesagt. Ich bin gespannt, ob es Ihnen auch so geht.

Ein paar seiner eindrücklichsten Sätze in diesem Buch sind für mich:

Eine der grundsätzlichsten Regeln von Liebe und Partnerschaft ist es, dass unsere Partner die Entscheidungen, die wir für uns selbst treffen, akzeptieren müssen.

Kinder verhalten sich zu Reichtum und Armut genauso, wie sie es von ihren Eltern kennen: Wenn Eltern sich schämen, arm zu sein, werden die Kinder das Gleiche fühlen. Wenn Eltern stolz auf ihre Besitztümer sind und ihren Reichtum vorzeigen, machen sie ihnen das auch nach. Beides Mal besteht das Risiko der sozialen Ausgrenzung und des Mobbings.

Wenn Eltern sich derart uneins sind, gibt es immer zwei Wege: Machtkampf (den ich nicht empfehle) oder ernste Aussprache.

Es geht nicht darum, was die Kinder tun, sondern wie wir als Erwachsene mit unserer eigenen Frustration umgehen, ohne ihre Grenzen zu verletzten.

Versuchen Sie, Empathie zu mobilisieren, statt zurückzuschießen oder beleidigt zu sein.

Die Fragen und Antworten stammen aus den Kolumnen *Familientrio* der Süddeutschen Zeitung, in der Jesper Juul über fünf Jahre von 2014 bis 2019 auf wichtige Fragen von Eltern geantwortet hat. Sie haben bis heute ihre Aktualität behalten.

Es beeindruckt mich immer wieder, wie Jesper Juul die übergeordnete Ebene sieht und darauf eingeht und so in aller Kürze eine klare Haltung ermöglicht. Klar wird dabei, dass das nicht die richtige Antwort, die richtige Haltung ist. Es ist eine der möglichen Antworten eines freundlichen Fachmanns, an denen man sich orientieren kann, oder es ganz anders macht.

Jesper Juul eröffnet mit seinen Antworten auch immer wieder den Raum für unsere eigenen Überlegungen: Was würde ich tun, in dieser Situation? Und darum geht es im eigentlichen Sinn. Nicht das zu tun, was der Experte rät, sondern seine eigenen Sinne so weit zu schärfen, dass wir selbst eine für uns passende Entscheidung treffen können. Wissend, dass wir vielleicht in einiger Zeit wiederum anders denken werden. Dafür ist dieses Buch ein hervorragender Trainingsplatz, denn es gibt diese 138 Dokumente seiner beeindruckenden Arbeit, endlich zusammengefasst in einem Buch!

Freuen Sie sich auf die inspirierenden, frischen, manchmal unerwarteten Antworten von Jesper Juul, zu so vielen unterschiedlichen Beziehungsthemen, immer mit dem Blick der Gleichwürdigkeit auf seine Mitmenschen. Viel Freude damit!

Ihr Mathias Voelchert

Meine Ruhe

Meine Tochter (6) baut gerne riesige Polizeistationen aus Lego. Sie ist so stolz darauf, dass sie mir jede minimale Tiefgaragenveränderung persönlich zeigen will. Wenn ich im Wohnzimmer gemütlich auf dem Sofa liege und ein Buch lese, habe ich aber oft keine Lust, dauernd bewundernd ins Kinderzimmer zu kommen. Deshalb gebe ich ihr mein Handy und lasse sie Fotos von den Bauten machen, die sie mir dann zeigen kann. Darf ich das?

Ines S.

Antwort von Jesper Juul:

Klar, ein Kompromiss, wenn Sie den beide wollen: genau so machen. Andererseits klingt es für mich recht stark nach einer typisch weiblichen Methode, bei der am Ende niemand genau das bekommt, was er eigentlich möchte. Ich gehe nämlich mal davon aus, dass Sie am allerliebsten einfach weiter in Ruhe ihr Buch lesen wollen, ohne Foto-Herzeige-Unterbrechung. Wenn dem so ist: Bitte sagen Sie das Ihrem Kind. ›Ich weiß, es ist dir wichtig, dass ich alles sehe, was du baust. Aber jetzt will ich gerade mein Buch lesen. Gib mir eine Stunde, dann komme ich es anschauen.‹ Keine Entschuldigungen, keine Erklärungen, keine Versprechen. Dahinter steckt keine Zurückweisung, sondern schlicht und einfach eine klare Aussage. So lernt das Kind, neben anderen Menschen zu existieren. Wenn ihre Tochter das unglücklich macht, oder frustriert, geben Sie ihr einfach einen Kuss als Zeichen, dass sie es zu schätzen wissen, dass sie ein menschliches Wesen ist. Mädchen und Jungs brauchen Frauen in ihrem Leben, die klare Grenzen zeigen.

Angst

Mein Sohn (14) hat wegen der aktuellen Weltlage Angst vor einem Krieg. Ich selbst bin auch unsicher, aber erfahrungsgemäß wird schon nichts passieren. Soll ich meinem Sohn die Angst ausreden – Oder gehört sie zum Leben dazu?

Tobias F.

Antwort von Jesper Juul:

»Ihre eigene Unsicherheit, aus der heraus Sie Ihre Frage stellen, ist die wertvollste Hilfe in diesem Fall. Nur weil Sie selbst zweifeln, werden Sie in der Lage sein, Ihrem Sohn wirklich zuzuhören und über eine der wichtigsten Fragen des Lebens überhaupt zu philosophieren. Gemeinsam über diese Dinge zu sprechen kann wie eine kleine Oase sein, die einem Halt gibt, Schutz und Sicherheit. Wenn solche Gedanken und Ängste Ihren Sohn in einem Jahr noch bedrücken, und zwar so sehr, dass sie ihn richtig traurig machen, sollten Sie versuchen, herauszufinden, ob andere Probleme dahinterstecken.«

Fahrradhelm?

Meine Kinder (4 und 7 Jahre alt) tragen selbstverständlich Helme, wenn sie Fahrrad oder Roller fahren. Ich selbst kann mich trotz täglicher Radtour in die Arbeit einfach nicht dazu durchringen, nicht zuletzt, weil meine Frisur dann für den Rest des Tages hinüber ist. Wie erkläre ich das meinen Kindern?

Stefanie S.

Antwort von Jesper Juul:

Sie haben in diesem Fall Glück: Sie sind erwachsen. Sie dürfen machen, was sie wollen – sogar richtig dumme Dinge wie keinen Fahrradhelm tragen. Ihre Kinder müssen das akzeptieren, sie sind eben noch Kinder.

Gute Freunde?

Unser Sohn (7) ist mit einem Jungen befreundet, bei dem zu Hause den ganzen Tag der Fernseher läuft, es zu Mittag Chips mit Ketchup gibt und die Kinder gegen Mitternacht ins Bett gehen. Mein Sohn sagt dauernd »Alter« und »fuck it«, seit sich die Jungs öfter treffen. Er bewundert seinen neuen Freund sehr. Darf ich mich einmischen?

Susanne W.

Antwort von Jesper Juul:

Ich finde nicht, dass Sie sich einmischen sollten. Ich glaube aber durchaus, dass Ihr Sohn eine klare Ansage verträgt: »Ich bin sehr froh, dass du einen guten Freund gefunden hast. Wir brauchen alle gute Freunde. Ich möchte dir trotzdem sagen, dass ich mit der Art, wie seine Familie lebt und wie er sich anderen gegenüber ausdrückt, nicht einverstanden bin und dass ich das hier so nicht haben möchte.« Sie wählen natürlich Ihre eigenen Worte. Und achten Sie darauf, Kritik zu vermeiden. Die folgenden Wochen, Monate, ja vielleicht sogar Jahre werden Sie die einmalige Chance bekommen, ihn genauer kennenzulernen. Keine Angst: Ihr Sohn wird nie wie sein Freund werden, selbst wenn er sich vielleicht ab und an so verhalten wird wie er. Für Kinder, genauso wie für Erwachsene, ist es wichtig, gute und schlechte Vorbilder zu haben und auf lange Sicht lernen wir wahrscheinlich sogar mehr von den schlechten. Entspannen Sie sich – und vertrauen Sie Ihrem Sohn, dass er die meisten Dinge aus sich selbst heraus lernen wird.

Bring' du sie ins Bett

Ich, Mutter, drei Kinder, bleibe abends manchmal länger im Büro, um mich um die ins-Bett-geh-Sache zu Hause zu drücken. Einerseits habe ich dann immer ein schlechtes Gewissen, andererseits haben das Generationen von Männern vor und mit mir ja wohl auch so gemacht. Wie beurteilen Sie mein Verhalten?

Verena B.

Antwort von Jesper Juul:
Der Unterschied zwischen Ihnen und den Vätern vor Ihnen ist allein das schlechte Gewissen. Das Schwierige an Ihrer Frage ist jedoch die fehlende Angabe, vor wem Sie ein schlechtes Gewissen haben: Ihren Kindern, Ihrem Ehemann oder Ihrem Selbstbild als Frau und Mutter? Wahrscheinlich von allem etwas. Mein Vorschlag: Setzen Sie sich mit Ihrem Mann zusammen und sprechen Sie »kinderfreie Zeiten« ab. Vielleicht braucht er sie selber nicht, aber das würde auf jeden Fall das Gewissensproblem ihm gegenüber lösen. Mit den Kindern ist es schwieriger. Ein schlechtes Gewissen führt zu emotionaler Distanzierung, und die Kinder werden das spüren. Bei drei Kindern

wird eins zu klammern anfangen, eins wird auf Abstand gehen, und das Dritte wird sich aufführen. Früher sagte man »nach Aufmerksamkeit suchen« dazu, aber was die Kinder eigentlich wollen, ist Klarheit. Die Botschaft ist einfach, aber kann emotional nicht einfach auszusprechen sein, zumal sie nicht in das traditionelle Bild einer Mutter passt: »Ich liebe euch über alles, UND ich will manchmal alleine sein.« Wenn es Ihnen gelingt, mit Ihrer Familie so ehrlich zu sein, können Sie die Zeit im Büro ohne schlechtes Gewissen genießen.

Kein Sex mehr

Nach zwölf Jahren Beziehung und drei gemeinsamen Kindern haben mein Mann und ich nun seit drei Jahren immer weniger Sex. Im Grunde haben wir im Moment gar kein Liebesleben mehr. Muss ich mir Sorgen machen? Oder gibt es das: Eine gute Ehe ohne Sex? Was glauben Sie?

Stephanie F.

Antwort von Jesper Juul:
Ich kann mir vorstellen, dass sehr viele Menschen dazu gerne eine klare Antwort hätten – aber die gibt es leider nicht. Sie müssen sich fragen, ob Sie als Paar auch ohne Sex echte Nähe füreinander empfinden können, vielleicht auch durch andere Arten körperlichen Kontakts. Wenn dem so ist, brauchen Sie sich keine Sorgen zu machen. Ein Weg, um das auszuprobieren, wäre, gemeinsam erschöpft zu sein: Legen Sie sich nebeneinander und halten Händchen, mit

keinem anderen Ziel, als zu entspannen. Vielleicht schlafen Sie sofort ein, vielleicht wollen Sie sich noch mehr berühren. Probieren Sie es aus. Ich kenne viele Paare mit schönen und liebevollen Beziehungen, die viele Jahre ohne Sex auskommen. Diese Menschen sind irgendwann Seelenverwandte geworden oder haben eine wirklich tiefe, respektvolle Freundschaft. Unser heutiges Verhältnis zu Sex hat oft etwas Gezwungenes, es gibt dieses Gefühl von außen, dass das einfach zu einer Partnerschaft dazugehört. Das führt dazu, dass die Situation, die Sie schildern, eine Art soziale Enttäuschung in sich trägt oder sogar tabuisiert wird. Sie wird gleichgesetzt mit fehlender Begehrbarkeit. Lassen Sie sich diesen Bären nicht aufbinden! Sie sind Mitglied in einem sehr großen Club. Aber versuchen Sie, einen ehrlichen Blick auf das Thema zuzulassen. Wenn Sie beide mit der Situation unglücklich sind, müssen Sie herausfinden, was genau Sie traurig macht. Bei Ihnen ist meine Vermutung, ausgehend von Ihrer Formulierung »nach zwölf Jahren Beziehung und drei Kindern«: Sie haben in den letzten Jahren so ziemlich alles für diese fünfköpfige Familie gegeben. Was auch bedeutet: Für Sie als Paar ist so ziemlich nichts übrig geblieben. Das ist auf lange Sicht keine gute Situation. Ihr »Wir« ist zu stark geworden. Das »Du« und das »Ich« brauchen wieder mehr Raum, also Zeit für Ihre individuellen Emotionen, Wünsche, Träume, Pläne, Interessen usw. Sonst verliert man als Paar Nähe, und eines der häufigsten Symptome davon ist Untreue. Was immer Sie herausfinden, ich garantiere Ihnen, dass es eines der sexuellsten Phänomene zwischen Menschen sein kann, wenn es einem Paar gelingt, voreinander ohne

Schuldzuweisungen Herz und Seele zu öffnen und ehrlich miteinander zu sprechen.

Nikolaus

Ein Freund hat meinem Sohn (6) erzählt, dass es den Nikolaus in Wirklichkeit gar nicht gibt. Mein Sohn findet diese Behauptung lächerlich. Was soll ich ihm jetzt sagen? Was würden Sie sagen?

Andrea H.

Antwort von Jesper Juul:

»Es ist so, mein lieber Sohn, dass Menschen an sehr unterschiedliche Dinge glauben können. Die eine Wahrheit gibt es nur in unseren Köpfen, und die Tatsache, dass du an den Nikolaus glaubst, macht dich nicht zu einem besseren Menschen als die, die nicht daran glauben. Solange es den Nikolaus in deinem Kopf gibt, sei glücklich mit ihm!« Womöglich wird Ihr Sohn dann fragen, woran Sie denn selbst glauben. Sagen Sie ihm dann bitte Ihre Wahrheit, wie auch immer die aussieht.

Trinken

Mein jüngerer Bruder, 50, will heiraten. Er ist seit seiner Jugend Alkoholiker, nach mehreren Therapien trank er aber weniger, hatte Leben und Job gerade so im Griff. Die Neue trinkt eher mit. Die beiden mögen sich wirklich, doch sie spricht auch das »Suchtmonster« in ihm an. Er trinkt wieder mehr. Ich soll nun Trauzeuge sein, will aber eine Beziehung, die seine Sucht stärkt, nicht bezeugen. Was soll ich tun?

Mathias J.

Antwort von Jesper Juul:

Mein spontaner Rat wäre, hier optimistisch zu bleiben. Die beiden könnten vielleicht wirklich gut füreinander sein in der Hinsicht, dass ihnen ihr gegenseitiges Versprechen das Gefühl von emotionaler und existenzieller Leere nimmt, das immer ein großer Faktor im Leben von Alkoholkranken ist. Sie könnten sich sogar mit den beiden zusammensetzen und ihnen Ihr Dilemma erklären und nach ihren eigenen Gedanken dazu fragen. Die andere Option wäre, dass Sie Ihrem Bruder von Ihrem Zögern berichten und ihn nach seiner Meinung fragen. Das könnte Ihn dazu bringen, seinen Plan zu überdenken. Oder eben auch nicht. Wie immer es dann ausgeht, Sie hätten Ihr Bestes getan.

Wohin an Weihnachten

Ich, in einer Beziehung, kinderlos, feiere Weihnachten immer mit meinen Eltern und der Familie meines Bruders (zwei Kinder, 8 und 10). Bei mir waren wir noch nie. Und so habe ich seit 22 Jahren kein Weihnachten in meinem Zuhause verbracht. Ist es egoistisch zu verlangen, dass alle mal zu mir kommen sollen?

Brigitte L.

Antwort von Jesper Juul:

Ich verstehe nicht, warum Sie das Wort »verlangen«

benutzen. Das hört sich so an, als wäre Ihre Familie etwas Geschäftliches. Das kommt wohl daher, dass Sie von diesem Familiengesetz frustriert sind. Aber: Es ist Ihr Leben. Sie können Weihnachten feiern, wo und mit wem Sie wollen. Lassen Sie das Ihre Familie wissen, auf eine freundliche und liebevolle Art. Es kann sein, dass sie sich zurückgewiesen fühlen, und dass Sie sich unbeliebt machen. Aber wenn es in Ihrer Familie nicht erlaubt ist, sich eigene Wünsche zu erfüllen, wird es Zeit für eine Nachhilfestunde in Sachen Liebe. Traditionen sind etwas Schönes, aber wenn das Pflichtgefühl größer ist als die Freude, ist es Zeit, etwas zu verändern.

Bedanken

Meine Kinder sind keine Kleinkinder mehr, Oma und Opa schicken aber noch Geschenke. Die Kinder freut es, sie fahren auch mal hin, aber sie rufen selten an. Danke sagen ist eher Glückssache. Der Kontakt läuft weitgehend über die Eltern, die sich schämen, dass sie ihnen sagen müssen: Hast du dich bedankt? Hört das nie auf? Oder muss ich irgendwann damit aufhören?

Cathrin D.

Antwort von Jesper Juul:
Ja, bitte aufhören! Erklären Sie Ihren Kindern, dass Sie zurücktreten wollen aus der Rolle des Chefdiplomaten. Nach einiger Zeit werden die Kinder selbst die Verantwortung übernehmen. Es mag überraschend oder auch enttäuschend klingen, aber Verantwortung übernehmen Kinder nie selbst, solange die Eltern

sich um all das kümmern. Wenn Sie es also schaffen, wirklich zurückzutreten, werden Sie auch merken, für wen Sie den ganzen Kram in all den Jahren in Wirklichkeit gemacht haben.

Taschengeld

Unsere Kinder (8, 10 und 13 Jahre) bekommen alle drei Taschengeld, über das sie frei verfügen dürfen. Nun spart der Älteste eifrig und kauft sich ein schreckliches Computerspiel nach dem anderen. Ich will ihm das verbieten – andererseits ist es eben sein Geld und damit seine Entscheidung ... Was kann ich tun?

Carolin B.

Antwort von Jesper Juul:
Um Ihrem Sohn das jetzt noch zu verbieten, ist es viel zu spät. Das würde in der Struktur Ihrer Familie absolut nichts verbessern. Erklären Sie Ihrem Sohn daher, was Sie über den Kauf denken, und lassen Sie ihn dann aber alleine entscheiden. Sie beide werden es überleben!

Abtreiben?

Ich bin aus Versehen schwanger mit dem dritten Kind, worüber mein Mann todunglücklich ist. Er will mich nicht zu einer Abtreibung zwingen, weil er meint, damit unsere Beziehung für immer zu belasten. Ich selbst habe wiederum Angst, dass ein von ihm nicht gewolltes Kind unsere Beziehung ähnlich schwer belasten könnte. Aber alleine will ich am Ende nicht mit drei Kindern dasitzen. Was würden Sie tun?

Juliane R.

Antwort von Jesper Juul:

Eine der grundsätzlichsten Regeln von Liebe und Partnerschaft ist es, dass unsere Partner die Entscheidungen, die wir für uns selbst treffen, akzeptieren müssen. Zum Wohle der ganzen Familie. Das kann ein Erziehungsstil sein, eine berufliche Veränderung, der Umgang mit der Tatsache, dass ein Kind womöglich behindert zur Welt kommt – oder eben das Thema Abtreibung. Beide Partner müssen trotzdem darauf achten, dass so eine Entscheidung und auch die partnerschaftliche Akzeptanz ebendieser nicht moralisch getroffen wird, sondern im engen Dialog entsteht, nach Abwägungen und in enger Kooperation – besonders wenn es eine Lebensentscheidung wie diese ist. Es geht um den feinen, aber wichtigen Unterschied zwischen einem Kompromiss und der Einigung auf eine Entscheidung, hinter der beide stehen müssen. Wenn ihre individuellen Entscheidungen auch nach vielen Gesprächen nicht in Einklang zu bringen sind, können sie die Partnerschaft langfristig aus der Balance bringen. Auch sollte niemand eine Rechnung aufstellen: Ich mache das jetzt so, wie du es willst, will dafür aber später das haben. Stattdessen müssen Sie verständnisvoll miteinander reden und versuchen, einen gemeinsamen Entschluss zu finden, der aber dann von beiden voll und ganz mitgetragen wird.

Barbies

Ich bin selten streng, aber Barbies kommen mir nicht ins Haus. Eine Puppe, die im echten Leben nicht mal stehen könnte! Meine Tochter (8) akzeptiert dieses Verbot, will aber nun immer öfter ein bestimmtes Mädchen aus ihrer Klasse besuchen, an dem sie eigentlich gar kein Interesse hat. Aber dieses Kind hat eben wirklich ALLES von Barbie. Was kann ich tun? Was meinen Sie?

Dorothee W.

Antwort von Jesper Juul:

Sie unternehmen rein gar nichts. Warum sollten Sie auch? Ich akzeptiere vollkommen, dass Sie bei sich zu Hause klare Standards setzen. Genauso bewundere ich Ihre Tochter, dass sie sich ihren eigenen Weg zur Befriedigung ihrer Bedürfnisse sucht. Besser wird es nicht mit Ihnen beiden im Leben! In diesem Fall ist Ihr Erziehungsstandard ideologischer Natur und das Problem mit Ideologien ist einfach immer, dass sie alle Andersgläubigen ausschließen. Möglicherweise wird Ihre Tochter Ihnen in zwanzig Jahren recht geben hinsichtlich der Barbie-Puppen. Vielleicht auch nicht. Aber ist das wirklich wichtig?

Kinder und Fußball

In meinem Freundeskreis gibt es wenige Kinderlose. Wenn wir uns sehen, dreht sich das Gespräch daher viel um den Nachwuchs. Die ohne Kind nervt das. Doch eine Freundin, die mit drei Kindern zu Hause ist, meint, wenn sie darüber nicht mehr reden dürfe, müsste sie schweigen. Was können wir tun?

Nina I.

Antwort von Jesper Juul:

Meiner Erfahrung nach ist es unmöglich, so etwas zu regeln. Es ist so, als wolle man mit einer Fußballmannschaft zu Abend essen, aber von ihnen erwartet, dass am Tisch nur über Literatur gesprochen wird.

Das erlaube ich dir nicht

Mein Sohn, 15, findet es extrem lustig, sich an Fasching als IS-Kämpfer zu verkleiden. Eigentlich ist er ein ganz anständiger Junge, aber das hat er sich nun in den Kopf gesetzt. Seit Wochen lässt er sogar seine spärlichen Barthaare wachsen. Meine Einsprüche kontert er mit einem genervten: »Ist doch nur ein Witz!« Ich finde das allerdings überhaupt nicht witzig. Was kann ich tun?

Christine M.

Antwort von Jesper Juul:

Tun Sie das, was Sie ohnehin schon getan und Ihrem Sohn gesagt haben, nämlich, dass Sie ihm das nicht erlauben. Er wird Ihre Haltung vielleicht nicht respektieren, aber daran werden Sie beide wachsen – ebenso wie die Qualität Ihrer Beziehung.

Verliebt

Die Liebe verändert alles. Die Tochter (20) hatte große Pläne: Ein Jahr Ausland, Sprache lernen, Exa-

men. Dann kommt dieser Kerl daher. Plötzlich ist das Studium im Ausland doof, man kriegt eh keine Kurse angerechnet und aus zehn Monaten werden im Glücksfall vier. Oder: Das Studium in Ort X ist prestigereich, preisgekrönt. Aber dieses neue Mädchen im Leben des Sohnes studiert in Augsburg. Plötzlich ist Augsburg der Knaller. Mama und Papa zahlen trotzdem weiter und ärgern sich. Wie verhalten wir uns korrekt?

Kathrin C.

Antwort von Jesper Juul:

Teilen Sie mit Ihren Kindern Ihre Gedanken und Ihre Meinung – unredigiert mit. Und hoffen Sie, dass Sie damit deren Entscheidungen im Positiven beeinflussen können.

PorNo

Als ich in der Grundschule war, hatte Sex noch etwas Verpöntes. Ein bisschen Brust in der Zeitschrift Bravo hat uns Kinder aus dem Konzept gebracht. Diese Zeiten sind lange vorbei. Wie erkläre ich heute meinem Kind (neun Jahre) in wenigen Worten das Thema Internetpornografie? Und vor allem: Wann ist der richtige Zeitpunkt dafür?

Fritz M.

Antwort von Jesper Juul:

Der richtige Zeitpunkt ist dann, wenn Sie wissen, dass es sich pornografische Seiten im Internet anguckt. Ich kann mir nicht vorstellen, wie man dieses Thema kurz und knapp erklären kann, aber mir fällt immerhin ein kurzer Einstieg in das Gespräch ein: Ich möchte nicht, dass du Pornos guckst! Wenn Sie einigermaßen unbeschwerte Kinder haben, werden sie wissen wollen, warum nicht. Der Rest wird zum langjährigen Dialog, der manchmal länger, manchmal kürzer dauert.

Einladen oder nicht?

Meine Tochter feiert bald ihren siebten Geburtstag und hat die sieben Kinder aus ihrer Klasse eingeladen, mit denen sie am besten befreundet ist. Nun hat sich noch ein recht beliebtes Mädchen, mit dem sie aber eher aneinandergerät, gemeldet. Es bietet ihr seine Freundschaft an, wenn es auch eingeladen wird. Meine Tochter will das Kind nun unbedingt dabei haben. Soll ich es erlauben?

Tanja S.

Antwort von Jesper Juul:

Das ist eine phänomenale Gelegenheit für Sie und Ihre Tochter, einen philosophischen Diskurs zu führen. Ich nenne das so, weil die Philosophie auf Fragen basiert und dem Wunsch danach, die dazu passenden Antworten zu finden. Wie hat sie sich gefühlt, bevor und nachdem das Mädchen ihren Wunsch bekannt gegeben hat? Warum fühlen Sie sich geneigt, da mit Ihrer Erwachsenenmeinung einzugreifen? Nach zwei oder drei solchen Gesprächen können Sie die Entscheidung ruhig Ihrer Tochter überlassen und mit ihr darüber erneut ein paar Wochen nach der Geburtstagsparty sprechen. Es wird ihre Beziehung mit immer mehr gegenseitigem Vertrauen bereichern.

Haare ab

Meine Frau will sich die Haare abschneiden lassen – dabei mag ich ihre langen Haare doch so sehr. Nun habe ich wirklich Angst, dass ich sie mit kurzen Haaren weniger hübsch finden werde. Kann ich ihr den Besuch beim Friseur verbieten?

Jakob S.

Antwort von Jesper Juul:

Ja, Sie können versuchen, Ihrer Frau das zu verbieten, aber Gott bewahre, wenn sie Ihnen auch gehorcht! Je schöner und attraktiver sich Ihre Frau selbst fühlt, desto besser ist das für Ihre Partnerschaft. Der Verlust ihrer Haare – vermutlich einer der Gründe, warum Sie sich damals in sie verliebt haben – könnte Sie möglicherweise einer langjährigen Fantasie berauben, aber sie war damals ja auch noch ein paar Jahre jünger. Vielleicht braucht Ihre Software ja mal ein Update?

Arm und reich

In der Klasse meines elfjährigen Sohnes haben alle Jungs ein Smartphone und tragen T-Shirts von Hollister oder Abercrombie & Fitch. Sie haben neue, neonfarbene Turnschuhe, weil die jetzt »in« sind – und natürlich das sehr teure, offizielle Fußballtrikot. Mein Sohn beklagt sich niemals, dass er das alles nicht hat. Als Vater aber plagt mich ein permanent schlechtes Gewissen, dass ich auch bei ihm spare(n muss). Berechtigt? Oder nicht?

Martin K.

Antwort von Jesper Juul:

Ich wünschte, Sie würden Ihre fürsorglichen Gedanken direkt an Ihren Sohn weitergeben. Erzählen Sie ihm davon und hören Sie ihm zu. Für ein Kind ist das bei Weitem wichtiger und wertvoller als jeder modische Trend, und es schafft eine stabile Grundlage zu Hause, die es leichter macht, mit der sozialen Realität umzugehen. Kinder verhalten sich zu Reichtum und Armut genauso, wie sie es von ihren Eltern kennen: Wenn Eltern sich schämen, arm zu sein, werden die Kinder das Gleiche fühlen. Wenn Eltern stolz auf ihre Besitztümer sind und ihren Reichtum vorzeigen, machen sie ihnen das auch nach. Beides Mal besteht das Risiko der sozialen Ausgrenzung und des Mobbings.

Kontakt statt Beschämen

Mein Sohn (17) ist zu faul, seine Wäsche aufzuräumen. Also bedient er sich komplett an meinem Kleiderschrank: Er nimmt meine Socken, meine T-Shirts, meine Unterhosen, meine Schuhe. Ich bin deshalb dazu übergegangen, mein Zimmer abzuschließen, wenn ich arbeiten gehe. Ich finde das aber eigentlich furchtbar. Wie könnten wir das besser lösen?

Peter M.

Antwort Jesper Juul:

Wenn Ihr Sohn in dem Alter die Grenzen seines Vaters nicht wahren kann, wird das daran liegen, dass er keine Erfahrung damit hat. Gucken Sie mal zurück und seien Sie ehrlich: Haben Sie je ein Machtwort gesprochen, auch mit der dazugehörigen Körpersprache?

Oder haben Sie stattdessen erwartet, vorausgesetzt, erklärt, gejammert, sich beschwert, ihn kritisiert und diagnostiziert (so wie Sie es hier tun, indem Sie ihn faul nennen)? Ihre derzeitige Lösung ist effektiv, indem es ihn davon abhält, an Ihre Klamotten zu gehen, aber sie ist auch nonverbal und wird Ihre Beziehung zu ihm nicht verbessern. Ich schlage vor, dass Sie ihn zu einem Gespräch bitten, in dem Sie klar äußern, wie Sie die Sache sehen.

Miterziehen?

Neulich war ich in einem Café, in dem eine Familie mit zwei Jungs im Grundschulalter am Nebentisch saß. Der eine hat den anderen laut als »Schwuchtel« beschimpft, die Eltern haben kaum reagiert. Ich hätte am liebsten etwas gesagt, dann aber nur böse hinübergeguckt. Jetzt ärgere ich mich über mich selbst. Was meinen Sie: Darf man fremde Kinder ungefragt erziehen?

Marc T.

Antwort von Jesper Juul:
Nein, Sie dürfen nicht miterziehen, aber Sie dürfen etwas zu der Bildung dieser Kinder beitragen, indem Sie Ihre Meinung mit dem gleichen Respekt und der gleichen Empfindsamkeit äußern, wie Sie sich den Umgang der beiden untereinander vorstellen.

Wir wollen gefragt werden

Als etwas größere Familie mit vier Kindern sind wir magisch anziehend für Paare, die nur ein Kind haben. »Schau mal«, sagen sie dann zu ihrem Nachwuchs, zum Beispiel im Urlaub am Strand, »da spielen schon welche – möchtest du nicht mitspielen?« Dann geben die Paare ihre Kinder bei uns ab und verschwinden allein ins nächste Café. Was macht man da?

Markus L.

Antwort von Jesper Juul:
Folgenden Satz, in Ihren eigenen Worten natürlich, finde ich überlegenswert: »Unsere Kinder wollen gefragt werden, ob sie neue Spielkameraden wollen – und genauso wollen wir als Eltern gefragt werden, wenn wir für andere Kinder die Verantwortung übernehmen sollen.« So ein Satz ist ein kompletter Bruch der gewöhnlichen sozialen Regeln. Aber er trägt auch eine enorme Kraft in sich, weil es manchmal einfach guttut, die Wahrheit zu sagen. Riskieren Sie Kritik oder Widerstand!

Sehr religiös

Mein Mann ist sehr religiös. Rituale wie Gebete möchte er an unseren Sohn weitergeben. Ich hingegen kann etwa mit dem Tischgebet nichts anfangen, weil ich mich dabei nicht wohlfühle. Mein Mann wirft mir vor, damit schon früh Zweifel beim Kind zu säen. Ich finde es aber wichtig, glaubwürdig zu bleiben. Was würden Sie raten?

Katja E.

Antwort von Jesper Juul:

Ein wichtiges Ziel in der Familie sollte sein, dass jeder so viel von dem bekommt, was er braucht. Das ist nicht immer möglich, aber diesen Umstand kann man auch nicht immer jemandem vorwerfen. In Ihrer Familie bleibt der Wunsch Ihres Mannes nach einem gemeinsamen Tischgebet unerfüllt. Für ihn wird es keinen Sinn machen, alleine zu beten, denn hinter dem Ritual steckt die Vorstellung, Gott und der Familie zu dienen. Ebenso wenig kann er Konsens in Sachen Religion erwarten. Wenn er beten möchte, ist das seine Entscheidung, ebenso wie das Recht zu bedauern, dass er damit alleine ist. Aber für Ihre Haltung darf er Sie nicht kritisieren. Ihr Sohn hat das Privileg, mit zwei unterschiedlichen Einstellungen zum Thema Religion in einer Familie aufzuwachsen. Das wird ihm helfen, eine eigene Entscheidung diesbezüglich zu treffen. Jetzt oder irgendwann später im Leben.

Schüchtern

Meine Tochter (2,5 Jahre) ist sehr schüchtern. Sie hatte bisher wenig Kontakt zu anderen Kindern, die ihr dann auf dem Spielplatz Sachen wegnehmen. Ich beschütze sie oft, weiß aber nicht, wie sinnvoll das ist. Bisher habe ich mich auch nicht getraut, sie in eine Krippe zu geben – aus Angst, sie würde dort untergehen. Haben Sie einen Rat?

Isa M.

Antwort von Jesper Juul:

Ich glaube, dass Ihre Tochter bald eine Kinderkrippe besuchen sollte und dass Sie und die Pädagogen vor Ort eng zusammenarbeiten müssen, damit sie dort auch gute Erfahrungen machen kann. Oft ist es hilfreich, ein älteres Kind zu finden (drei bis vier Jahre alt) und sie oder ihn zu einer Art Mentor zu berufen, der eine enge Beziehung zu dem unsicheren Kind aufbaut und ihm zeigen kann, wie man Kontakte mit anderen knüpft. Gleichzeitig empfehle ich, dass Sie sich Hilfe holen oder Bücher dazu lesen, wie Sie das Selbstgefühl Ihrer Tochter stärken können.

Fleißig

Unser 16-jähriger Sohn ist ein mittelmäßiger Schüler. Er könnte aber besser sein, wenn er sich nicht vorrangig ums Geld kümmern würde: Er trägt Zeitungen aus, liest Zählerstände ab und will in den Ferien vier Wochen bei einem Verpacker arbeiten. Wir finden das gut, aber wie können wir ihn dazu bringen, mehr für die Schule zu machen?

Christiane A.

Antwort von Jesper Juul:

Sie können die Entscheidungen Ihres Sohnes nicht beeinflussen. Er scheint ein sehr entschiedener und verantwortungsbewusster junger Mann zu sein mit einer klaren, eigenen Vorstellung vom Leben. Wenn

Sie glauben, zu hundert Prozent zu verstehen, warum er das alles macht, und es Ihnen möglich ist, das auch mit ganzem Herzen wertzuschätzen, bitten Sie ihn um etwas Zeit und Aufmerksamkeit und sagen ihm: »Ich schätze wirklich sehr, was du gerade alles machst, und möchte dir nur eine Sache dazu sagen: Bitte kümmere dich mehr um die Schule.« Nachdem Sie das einmal gesagt haben, wiederholen Sie es nie mehr. Ihr Sohn hat Sie gehört, und Sie haben damit einen Eindruck hinterlassen. Allerdings kann es die Art von Eindruck sein, die Sie nicht beabsichtigen. Ihre Rolle ist es, seine Entscheidungen zu unterstützen und sie nicht die ganze Zeit zu hinterfragen.

So ist er

Ich habe das alleinige Sorgerecht für meine Tochter (4), mit dem Vater war ich nie zusammen. Er meldet sich ohnehin nur, wenn bei ihm gerade die Sonne scheint. Die Nähe zu seinem Kind hält er nur so lange aus, bis ich fordere, dass er sich regelmäßig um sie kümmern soll. Meine Tochter hat sich mit »Er arbeitet viel« ihre eigene Erklärung zurechtgelegt, wenn er mal wieder mehrere Monate lang nichts von sich hören lässt. Soll ich ihm weiterhin das Kind hinterhertragen, oder kann ich die Tür einfach zulassen?

Daniela Z.

Antwort von Jesper Juul:
Ihre Tochter hat den Vater, den Sie für sie ausgewählt haben. Und er ist, wie er nun mal ist. Ihn um Regelmäßigkeit in Sachen Kontakt zu bitten oder ihn we-

gen mehr Stabilität anzugehen, ist so, als ob Sie beim Bäcker Fleisch kaufen wollten. Ihre Tochter wird es überleben und ihre eigenen Kämpfe mit ihm austragen, wenn sie größer ist.

Hausmann

Meine Frau arbeitet, und ich kümmere mich um Haushalt und Kinder. Seit Kurzem fängt sie nach der Arbeit an zu schimpfen: »Wie sieht es hier aus? Was hast du den ganzen Tag gemacht?« Ich finde das ungerecht, weil diese Arbeitsaufteilung unsere gemeinsame Entscheidung war. Wenn ich das anspreche, kommt es zum Streit. Was kann ich tun?

Klaus L.

Antwort von Jesper Juul:

Sagen Sie Ihrer Frau: »Wenn du findest, dass ich ein schlechter Hausmann bin und du dazu ein paar konstruktive Vorschläge hast, schreib sie mir bitte auf, und ich werde mir Zeit nehmen, mit dir darüber zu sprechen. Wenn du einfach nur frustriert bist oder dich schuldig fühlst, dann finde bitte einen anderen Weg, um damit zurechtzukommen. So, wie du das im Moment handhabst, tut mir das weh, und es nimmt mir meine Freude und Energie.« Genau das haben wir Hausfrauen vor dreißig, vierzig Jahren geraten, und es hat öfter funktioniert, als dass es nicht funktioniert hätte.

Selbstständig

Ich war viele Jahre glücklicher Single, mein Alleinsein war selbst gewählt. Nun bin ich seit einem Jahr in einer Beziehung mit einem tollen Mann, der es allerdings als Verrat ansieht, dass ich mir wünsche, mal wieder zwei Wochen alleine auf Reisen zu gehen. Wie kann ich ihm klarmachen, dass er mir und uns mehr schadet, wenn er mich nicht fahren lässt?

Isabel K.

Antwort von Jesper Juul:

Das können Sie ihm nicht klarmachen. Aber Sie können ihm Folgendes sagen: »Die Tatsache, dass du mich liebst, gibt dir kein recht, über meine Zeit zu verfügen oder darüber, wie ich sie verbringen möchte. Deine Liebe ist eine Bereicherung für mein Leben, und ich hoffe, dass meine Liebe auch dein Leben bereichert. Wenn sie allerdings zur Pflicht wird, wird sie sterben.« Wenn seine Antwort mit einem »Ja, aber ...« beginnt, hört er Ihnen nicht zu. Und wenn Sie mit ihm anfangen, darüber zu streiten, kostet es unnötig Zeit und Energie. Er hat sich in eine starke, unabhängige Frau verliebt, und wenn er Sie nun in die »Seinige« verwandeln möchte, wird die Beziehung ihr Ende finden.

Bonusmutter

Mein Mann hat mit seiner Ex-Frau bereits einen Sohn. Bald nachdem wir ein Paar wurden, bekamen wir auch noch ein Kind. Der Sohn meines Mannes wohnt jede zweite Woche bei uns, wir verstehen uns gut und haben ein enges Verhältnis. Doch neulich stellte er mir plötzlich, ohne dass etwas vorgefallen wäre, die Frage, ob ich das eigene Kind lieber mag als ihn. Was soll ich darauf sagen?

Michaela K., Würzburg

Antwort von Jesper Juul:

Die Antwort hängt davon ab, wie Sie empfinden, und außerdem wie alt das Kind ist. Ist Ihr Stiefsohn älter als drei Jahre, könnte ich mir vorstellen, dass Ihre Wahrheit lauten könnte: »Ich liebe euch beide, auf ganz unterschiedliche Art und Weise. Ich habe darüber ehrlich gesagt nie nachgedacht, bis du mich das jetzt gefragt hast. Also lass mich ein paar Tage darüber nachdenken und dann sprechen wir noch einmal darüber. Aber danke, dass du mich das gefragt hast.«

Mein schlechtes Gewissen

Wenn ich in die Arbeit gehe, habe ich ein schlechtes Gewissen, weil ich nicht bei meinen Kindern bin. Wenn ich bei meinen Kindern bin, habe ich ein schlechtes Gewissen, das ich nicht arbeite. Die Folge ist: Ich habe andauernd ein schlechtes Gewissen. Wie kann ich mich aus diesem unguten Dilemma zwischen Job und Familie lösen?

Nikolaus M.

Antwort von Jesper Juul:

Gehen Sie in einen Wald, buddeln Sie dort ein großes Loch und vergraben Sie darin Ihr schlechtes Gewissen. Für immer. Denn das schlechte Gewissen ist

weder gerechtfertigt noch tut es irgendjemandem gut
– ganz im Gegenteil: Es beschmutzt Ihr Vatersein und
den Wert, den Ihr Vatersein hat, ebenso wie den Ihres
Jobs. Außerdem hindert es Sie daran, Ihr Leben und
Ihre Kinder zu genießen.

Damals ein ungewolltes Kind

*Ich habe ein gutes Verhältnis zu meiner Tochter (32).
Neulich saßen wir zusammen, da wollte sie wissen:
Mama, war ich eigentlich geplant? Ich habe ihr nie gesagt, dass sie ein »Unfall« war und die Schwangerschaft
mein Leben damals ziemlich durcheinandergewirbelt
hat. Heute bin ich natürlich sehr froh, dass sie da ist.
Muss ich sie über die Umstände ihrer Zeugung aufklä-
ren?*

Inga K.

Antwort von Jesper Juul:
Ja, bitte erzählen Sie Ihrer Tochter von den Umstän-
den ihrer Zeugung! Die Körper-Geist-Erfahrungen
von Müttern sind in dem existenziellen Gefüge ihrer
Kinder eingeprägt, allerdings in einer nonverbalen
Form. Es ist sinnvoll, diese ganz besonders frühen
Abschnitte der gemeinsamen Geschichte mit Kin-
dern zu teilen, vielleicht genau dann, wenn ein Kind
Fragen über die Vergangenheit stellt. So wie jetzt Ihre
Tochter.

Handysorgen

Unsere Tochter, 14, ist offensichtlich handysüchtig. Sie hat es immer in der Hand, wir können keine Absprachen mit ihr treffen. Sie sagt, alle in ihrem Alter sind dauernd online. Schöne gemeinsame Aktivitäten oder Drohungen sind ihr egal. Nur nachts legt sie es in den Flur, in der Schule bleibt es aus. Ich bin so genervt, dass ich denke, sie müsste mal richtig lange ohne auskommen. Ihr Vater findet das Handy jedoch wichtig. Was sollen wir tun?

Viola P.

Antwort von Jesper Juul:

Nichts! Es ist zu spät dafür, und noch wichtiger: Sie als Eltern sind sich in dieser Sache nicht einig, also sind Sie in dieser Sache auch keine vertrauenswürdige Autorität. Ihre Tochter liebt ihr Handy, und Sie hassen es – so ist es nun einfach. Mit einem Teenager im Haus ist es wichtig, in Kontakt und einander verbunden zu bleiben. Nichts anderes spielt in den nächsten vierzig oder fünfzig Jahren eine Rolle.

Zu viele Hörspiele?

Meine Tochter (6) hört gerne Hörspiele, gerade bei Regen stunden- und sogar tagelang. Ich biete meinen Kindern viele Spiele und einen Garten, sie hingegen würde am liebsten nur herumlümmeln. Soll ich es mit Hörspielen ähnlich handhaben wie mit Fernsehen, das es bei uns nur einmal in der Woche gibt? Schließlich ist sie gerade in die Schule gekommen.

Katharina D.

Antwort von Jesper Juul:

Bevor Sie irgendetwas unternehmen, sprechen Sie bitte in Ruhe mit Ihrer Tochter darüber, warum ihr die Hörspiele so viel bedeuten, und passen Sie Ihre Entscheidung den Antworten Ihres Kindes an. Sie können sehr offen mit ihr sprechen: »Ich frage mich, woher dein großes Interesse an Hörspielen kommt, und ich glaube oft, dass du zu viel Zeit damit verbringst. Aber bevor ich daraus irgendeinen Schluss ziehe, wollte ich hören, warum sie dir so wichtig sind. Bitte sag mir das, wenn du kannst.« Hörspiele sind aber in keinerlei Hinsicht mit Fernsehen zu vergleichen. Sie regen das Gehirn dazu an, eigene Bilder zu schaffen, während der Geist darüber nachdenkt.

Die intuitive Beziehung

Ich habe zwei Kinder, die ich natürlich beide sehr liebe. Wenn ich aber ehrlich bin, komme ich mit dem Jüngeren besser zurecht. Wir stehen uns einfach näher, vielleicht sind wir uns ähnlicher. Aber die Vorstellung, ein Lieblingskind zu haben, lässt mich manchmal an meiner Qualität als Vater zweifeln. Muss ich meine Rolle überdenken?

Manuel F.

Antwort von Jesper Juul:

Die meisten Kinder haben eine besondere Beziehung zu einem ihrer beiden Eltern, und mit ein wenig

Glück erkennt dies das Elternteil auch – so, wie das bei Ihnen der Fall ist. Diese Form der »intuitiven Beziehung« hat jedoch nichts mit emotionaler Liebe zu tun. Das Kind liebt beide Eltern und umgekehrt. Es handelt sich dabei um eine Art der Vertrautheit auf einem viel existenzielleren Level, die Sie zu einem wichtigen Vorbild für Ihren Jüngsten machen. Leider missverstehen dies andere oft als »Du liebst ihn oder sie mehr als mich«, und eines Tages sollten Sie vielleicht Ihrem Ältesten erklären, wie es wirklich ist. Kritisieren Sie sich selbst nicht, sondern genießen Sie Ihre besondere Beziehung und die Liebe, die Sie für beide Kinder empfinden.

Vor dem Spiegel

Meine sechsjährige Tochter war schon immer sehr schönheitsbewusst. Sie stand bereits mit vier Jahren vor dem Spiegel, zog sich mehrmals täglich um und schminkte sich. Ich habe das als »ihr Ding« akzeptiert, doch seit einiger Zeit denkt sie, sie sei zu dick. Spindeldünn wird sie nie sein, aber dick ist sie keinesfalls. Wie kann ich ihr helfen, sich weiterhin schön zu finden – auch später?

Rebecca K.

Antwort von Jesper Juul:

Das ist ein für mich neuer Themenbereich, daher kann ich Ihnen hier nur Anregungen anbieten: Wissen Sie, ob es ein Mädchen oder eine Frau gibt, zu der Ihre Tochter aufsieht oder die sie idealisiert? Und wenn Sie Ihr Kind fragen, warum das Dünnsein so wichtig für sie ist, können Sie in ihrer Antwort etwas

Sinnvolles erkennen? Geben Sie ihr außerdem zu verstehen, dass sie sich nur zu Hause ständig umziehen und vor den Spiegel stellen darf, wenn Sie das nicht sowieso schon getan haben.

Und die Moral von der Geschicht'

Neulich war ich bei meiner Schwester zu Besuch. Um kurz meine Mails zu lesen, durfte ich den Rechner meines Schwagers benutzen. Nachdem er sein Passwort eingegeben hatte, um den Computer für mich freizugeben, starrten wir zusammen auf den Bildschirm, auf dem noch geöffnete Internetseiten zu sehen waren – lauter Pornos. Er klickte schnell alles weg und sagte kein Wort mehr dazu. Muss ich meiner Schwester erzählen, was ihr Mann sich so alles im Internet anguckt?

Sabine U.

Antwort Jesper Juul:
Wenn Sie diese Situation weiterhin beschäftigt, sollten Sie mit Ihrem Schwager darüber reden. Denn das, was er sich im Internet anguckt, gehört schließlich zu seinem Privatleben. Wenn Sie glauben, dass Ihre Schwester auch unbedingt davon erfahren muss, können Sie ihn dazu ermutigen, mit ihr darüber zu sprechen. Sollte Ihr Schwager das jedoch nicht wollen, sollten Sie schließlich über Ihre eigenen moralischen Vorstellungen nachdenken und sich folgende Fragen stellen: Müssen Sie Ihre Schwester »schützen« und wenn ja, wovor eigentlich? Und ist es für Sie mora-

lisch richtig, im schlimmsten Fall eine Ehe zu stören, oder gar zu zerstören? Diese Fragen können Sie nur sich selbst beantworten.

Mein Bauch

Ich habe drei Kinder, der Bauch ist nach der letzten Schwangerschaft nicht mehr ganz weggegangen, was mich nicht weiter stört. Allerdings werde ich – gerade von Menschen, die ich lange nicht gesehen habe – oft darauf angesprochen, ob ich schwanger bin. Strahlend sagen sie: »Darf man gratulieren?« Ich finde das unerträglich, stammle dann nur rum. Wie reagiere ich am besten darauf?

Veronika P.

Antwort von Jesper Juul:
Ich kann Ihre Reaktion auf diese Fragen gut verstehen und schlage folgende Antworten vor, die Sie anbringen können – je nachdem, wie Sie den Humor der einzelnen Person, die Sie zu Ihrem Bauch befragt, einschätzen:

1. Nein, Sie dürfen mir nicht gratulieren. Ehrlich gesagt, fühle ich mich wegen meines Bauches schrecklich.
2. Nein, Sie dürfen mir nicht gratulieren. Denn mein Bauch ist ein Geschenk meiner drei Kinder, über das ich nicht so richtig glücklich bin.
3. Nein, Sie dürfen mir nicht gratulieren, aber Sie dürfen mich gerne bemitleiden.

4. Nein, Sie dürfen mir nicht gratulieren. Denn das hier ist mein Nach-dem-Baby-Fett. – Damit wünsche ich Ihnen viel Glück!

Nähe verloren

Mein Mann hasst den Valentinstag. Mir ist dieses Datum im Prinzip auch nicht wichtig, aber da er sich in den vergangenen Jahren ohnehin nicht mehr sonderlich um mich bemüht hat, fände ich es plötzlich doch ganz gut, wenn mein Mann daran denkt und sich etwas Besonderes dafür einfallen lässt. Darf ich also die Beachtung des Valentinstags in diesem Jahr einfordern?

Sylvia P.

Antwort von Jesper Juul:

Den Valentinstag von Ihrem Mann einzufordern, dürfte nur zu einem Konflikt führen, der im Grunde ein Symbol Ihres eigentlichen Problems ist: Sie haben die Nähe und Intimität zueinander verloren und Sie sind beide dafür verantwortlich. Und jetzt sind Sie auch beide gefragt, einen Weg zu finden, dieses Problem wieder zu lösen. Die meisten Paare geraten nach sieben bis zehn Jahre in so eine Krise. Kein Wunder, dass man von dem »verflixten siebten Jahr« spricht. Es ist immer ein Signal, dass die Idee des »Wir« dann aufgebraucht ist und dass man das »Du und Ich« neu erfinden muss. Warten Sie nicht darauf, dass Ihr Mann die Initiative ergreift oder gar untreu wird. Sondern laden Sie ihn zu einer Reihe ernsthafter Gespräche ein und reden Sie mit ihm darüber, wie sie ihr Leben weiter miteinander verbringen möchten. Aber

lassen Sie sich nicht von folgender Tatsache befrem-
den: Einen neuen Weg miteinander zu finden, kann
ungefähr ein Jahr dauern.

Freunde

*»Du bist nicht mehr mein Freund«, sagte meine vier-
jährige Tochter letztens nach einem kurzen Streit zu
einem anderen Kind. Darauf schaltete sich die Mutter
des anderen Kindes ein und forderte mich auf, mit meiner Tochter über den grundsätzlichen Wert von Freundschaft zu reden. Ich hatte den Satz meines Kindes gar
nicht so ernst genommen. Was meinen Sie?*

Britta S.

Antwort von Jesper Juul:
Ich bin da Ihrer Meinung, aber eben auch neugierig.
Daher würde ich die Mutter fragen, was sie damit gemeint hat. Nicht, um sie zu berichtigen, sondern weil
Sie dann – egal, wie ihre Antwort lautet – sagen können: »Jetzt verstehe ich dich. Ich frage mich allerdings
schon, ob dein Kind das auch so verstanden hat.«

Zu jung für Fakten?

*Mein Sohn (10) geht in die 5. Klasse. Er soll ein Re-
ferat über Konzentrationslager verfassen. Ich bin damit
nicht einverstanden, weil ich denke, dass es kein Thema für Zehnjährige ist. Reicht das nicht, wenn sie älter
sind? Ich habe den Eindruck, dass Kinder heute viel frü-*

her mit »Erwachsenenthemen« konfrontiert werden – zu früh. Darf ich darüber mit dem Lehrer diskutieren?

Anne L.

Antwort von Jesper Juul:
Die meisten Lehrer in Dänemark wären nicht Ihrer Meinung (ich im Übrigen bin es auch nicht). In vielen dänischen Schulen lernen Kinder in diesem Alter alle möglichen unerfreulichen Fakten kennen, die mit dem Zweiten Weltkrieg zusammenhängen. In diesem Alter hinterlässt das einen großen Eindruck und genau das ist die Idee dahinter.

Leidenschaften

Ich selbst bin mein Leben lang im Winter leidenschaftlich gerne Schlittschuh gefahren, doch in den letzten Jahren konnten die Eisbahnen immer nur mit großem Energieaufwand hergestellt werden. Und das wird sich bestimmt nicht so bald ändern. Soll ich meinen Kindern meine Leidenschaft trotzdem näherbringen – oder lieber darauf verzichten?

Marion U.

Antwort von Jesper Juul:
Freude hat nicht wirklich viel mit »realistisch sein« zu tun. Es könnte zwar noch eine Weile dauern, bis Ihre Kinder auf zugefrorenen Seen und Kanälen Schlittschuh laufen gehen könnten. Aber die Erfahrung, wenn Eltern eine ihrer Leidenschaften an ihre Kinder weitergeben können, ist mindestens so wichtig. Also verleugnen Sie nicht, was Ihnen am Herzen liegt.

Dran bleiben

Mein Mann arbeitet seit zwei Jahren in einer anderen Stadt. Wenn er nach Hause kommt, ist unsere Tochter, 7, außer sich vor Freude, unser Sohn, 4, zeigt ihm hingegen oft die kalte Schulter. Mein Mann ist ein engagierter Vater und ungern von uns getrennt, aber es war anders nicht möglich. Was können wir tun, damit unser Sohn mit seiner Abwesenheit besser zurechtkommt?

Claudia H.

Antwort von Jesper Juul:

Als mein Sohn drei Jahre alt war, befand ich mich in einer ähnlichen Arbeitssituation. Seine Reaktion: Er ließ sich nicht mehr von mir zu Bett bringen. Ein paar Wochen lang musste ich darauf bestehen (und seine Mutter bitten, sich nicht einzumischen) und litt, weil er mir nicht einmal sagte, welches Buch ich ihm vorlesen sollte. Nach einer Weile öffnete er sich und akzeptierte mich wieder. Genau das wäre auch hier mein Vorschlag: Reden und Erklärungen werden nicht helfen, weil Ihr Sohn bereits alle Gründe kennt, warum er leiden muss. In dieser Situation werden Sie alle Zeit und Bemühungen brauchen, um damit umgehen zu können. Aber überlassen Sie die Bewältigung dieses Problems nicht nur Ihrem Sohn!

Bester Freund

Mein bester Freund hat seine Frau jahrelang betrogen. Jetzt ist alles aufgeflogen und sie hat ihn rausgeschmissen. Er will sie unbedingt zurück, aber der Grund ist wohl, dass alles, was daheim schön und bequem war, nun weggefallen ist. Er hat oft gesagt, dass er sie nicht mehr liebt – und schlimmer noch: nicht mehr ertragen kann. Ich bin am Ende mit meinen Ratschlägen.

Hans K.

Antwort von Jesper Juul:

Ich weiß nicht, was Sie zu Ihrem Freund sagen könnten. Aber ich möchte Sie ermutigen, sich daran zu erinnern, dass ein guter Freund jemand ist, der einem das sagt, was man hören muss, wenn man genau das nicht hören will. Der Rest der Menschen um einen herum sind diejenigen, die einem immer nur sagen, was man gerade hören möchte. Ihr Freund hat ernsthafte Probleme und wird sich bald inmitten einer ausgewachsenen existenziellen Krise befinden, die sein Selbstbild für immer verändern wird. Dann wird er zumindest einen guten Freund brauchen, der seine Energie nicht mit moralistischer Kritik vergeudet. Ich hoffe – für sie beide –, dass Sie sich mit ganzem Herzen dazu entscheiden, sein Freund zu sein.

Super Nachbarn

Wir pflegen ein super Verhältnis zu den direkten Nachbarn. Vor einem halben Jahr haben sie ein Baby bekommen. Ein Schreibaby. Die beiden sind total am Ende. Eigentlich müssten wir Verständnis haben, aber das ewige Geschrei nervt. Inzwischen wachen auch wir jede Nacht davon auf. Dürfen wir uns beschweren, oder belasten wir sie mit unserem Gejammer unnötig?

Hannes L.

Antwort von Jesper Juul:
Wenn Sie sich beschweren, werden Sie damit ziemlich sicher das »super Verhältnis« zerstören. Diese Eltern brauchen nicht noch eine Last auf ihren Schultern, aber sie werden es vermutlich begrüßen, wenn Sie ihnen Hilfe anbieten: »Manchmal wachen wir vom Geschrei eures Babys nachts auf, deswegen glauben wir, dass ihr bestimmt erschöpft seid. Wir würden gerne helfen, wenn wir können … Vielleicht sprechen wir über euer Problem und kommen auf einen Lösungsansatz, der in eine völlig neue Richtung führt?«

Wutanfälle

Unser 15-jähriger Sohn terrorisiert uns mit schrecklichen Wutanfällen. Seit er klein ist, schreit und tritt er. Nach einer Psychotherapie wurde es besser, jetzt in der Pubertät wird es wieder schlimmer. Vor Kurzem hat er seine Mutter mit »Fotze« beschimpft und das Essen vom Tisch geworfen. Wir wissen nicht weiter und überlegen, ob wir ihn in ein Internat schicken. Das wollten wir nie. Was meinen Sie?

Hartmut S.

Antwort von Jesper Juul:
Wenn sich ein Kind so verhält und das schon seit vielen Jahren, hängt das mit dem zusammen, was zwischen Ihnen vorgeht, oder dem, was bei Ihnen fehlt. Individuelle Psychotherapie wird nicht helfen, daher rate ich Ihnen, einen erfahrenen Familientherapeuten zu finden, der Ihnen allen beistehen kann. Ihren Sohn aus der Familie auszuschließen, wird auf beiden

Seiten nur mehr Schuldgefühle und Frustrationen schaffen, schlimmer noch: Es wird Ihren Sohn zum alleinigen Problem erklären – und das stimmt nicht.

Schwiegermutter

Vor einem Jahr bin ich in die Nähe meiner Tochter gezogen, um sie und ihren Mann zu entlasten und mich um den Enkel zu kümmern. Das war so von beiden gewünscht. Doch für den Schwiegersohn bin ich nur der Babysitter, das deprimiert mich. Wir reden nie, nicht einmal fragt er, wie es mir geht. Das gute Verhältnis zur Tochter wird dadurch belastet. Bin ich zu empfindlich, erwarte ich zu viel?

Magda S.

Antwort von Jesper Juul:
Ja, Sie erwarten zu viel. Sie haben ein nettes Angebot gemacht, das die beiden akzeptiert haben, ohne sich über ihre unterschiedlichen Positionen dazu klar verständigt zu haben – und nun zahlen Sie den Preis dafür. Wenn ein intelligenter und normaler Mann wie Ihr Schwiegersohn nicht höflich sein kann, liegt es daran, dass sein Verhältnis zu Ihnen problematisch ist und immer war. Setzen Sie sich also mit ihm zusammen und fragen Sie ihn, was er an Ihnen nicht leiden kann. Werfen Sie ihm nicht vor, unhöflich oder undankbar zu sein, und verhalten Sie sich nicht wie ein Opfer. Sie haben das Angebot gemacht und Ihre Tochter und Ihr Schwiegersohn haben es angenommen. Und wenn er nun nicht Mann genug ist, dieses Problem mit Ihnen zu lösen, müssen Sie alle zusam-

men einen Weg finden, künftig besser miteinander umzugehen.

Muttersöhnchen

Ich habe ein enges Verhältnis zu meinem Sohn (46). Er wohnt gegenüber, und einmal in der Woche essen wir zusammen. Seit vier Jahren hat er eine zwanzig Jahre jüngere Freundin, die sehr aufmüpfig ist. Ich halte mich meist zurück, außer wenn sie ihn »Muttersöhnchen« nennt oder beklagt, dass ich zu oft anrufe. Er nimmt sie dauernd in Schutz, und wir haben immer weniger Kontakt. Soll ich ihn noch seltener sehen?

Marianne P.

Antwort von Jesper Juul:

Das ist ein sehr weitverbreitetes Problem und es kommt daher, dass die Freundin Ihres Sohnes recht hat, wenn Sie ihn »Muttersöhnchen« nennt. Er ist noch viel mehr als das, aber seine Reaktion (sie ist jung und er ist gestresst) zeigt, dass er zwischen zwei Frauen in seinem Leben steckt. Er muss erwachsen werden, Sie in den Arm nehmen und Ihnen sagen: »Mutti, du warst mein Leben lang die wichtigste Frau in meinem Leben. Das ist nicht länger der Fall, deswegen werden wir ab jetzt weniger Kontakt miteinander haben.« Wenn er das nicht schafft, wird seine Freundin ihn eines Tages verlassen und Sie dafür verantwortlich machen. Und dann werden er und Sie sich einig sein, dass sie doch nur eifersüchtig und unreif war. Alles, was Sie jetzt tun können, ist seine Lage zu verstehen, sobald er – hoffentlich! – erwachsen wird.

Misstrauen

Wir haben zwei Töchter (12 und 14). Die Jüngere klagte bereits mehrfach, dass ihre Sachen verschwinden: meist Kleinkram, nun aber zehn Euro. Wir verdächtigen die Ältere, die es leugnet und uns vorwirft, wir würden immer sie bezichtigen. Wir sind von ihrer Schuld überzeugt, aber uns fehlt der Beweis. Inzwischen lassen wir unseren Geldbeutel nicht mehr offen liegen. Aber ändern wir damit ihr Verhalten?

Peter K.

Antwort von Jesper Juul:

Ich kann in diesem Fall nur sagen: Ihr Misstrauen gehört allein Ihnen. Es ist in Ihrem Kopf entstanden und Sie müssen nun entscheiden, was Sie damit anfangen möchten. Mein Rat wäre, nichts zu unternehmen, bis Sie ganz genau wissen, wie die Wahrheit aussieht. Gerade ziehen Sie sich nur von Ihrer Tochter zurück – und das hilft niemandem.

Gleichwürdigkeit

Seit Jahren gehen wir mit unseren Urlaubszielen auf die Wünsche der Kinder (12 und 15) ein: chillen, baden, Wlan. Dabei kommt die Kultur meist zu kurz. Weil unser Ältester nicht mehr oft mit uns verreisen wird, wollen wir in diesem Jahr eine Reise jenseits von Pool und Co. machen. Doch wir beißen bei ihnen auf Granit. Sollen wir uns durchsetzen, um ihnen etwas Gutes zu tun, oder doch den Strand buchen?

Martin S.

Antwort von Jesper Juul:

Einen Familienurlaub nur entlang der Wünsche der Kinder zu planen, ist immer eine schlechte Idee – genauso wie alles andere, das sich ausschließlich daran orientiert, was die Kinder wollen oder was die Eltern glauben lässt, es könne ihre Kinder glücklich machen. So aufzuwachsen nimmt Kindern die Möglichkeit, ihre Eltern und das, was ihnen wichtig ist und Freude bereitet, kennenzulernen. Diesen Preis müssen Sie jetzt zahlen und daher macht es nun überhaupt keinen Sinn, auf neue Urlaubsziele zu bestehen. Mein Rat wäre, während des nächsten Urlaubs Ihren Kindern gegenüber einzugestehen, welchen Fehler Sie gemacht haben, und alternative Reiseziele für die nächsten Jahre anzukündigen, zu denen Sie dann mit dem Jüngeren fahren. Zusätzlich können Sie ja versuchen, im Sinne der »Gleichwürdigkeit« (wenn also alle Wünsche und Bedürfnisse von allen Beteiligten gleich ernst genommen werden) etwas Kultur in Ihren Familienurlaub zu bringen – und damit auch mehr Platz für die Eltern.

Im Gleichschritt

Mein Sohn (2) geht in eine Kita, in der alle Kinder – egal welchen Alters – mittags zwei Stunden schlafen müssen. Wir Eltern haben mit den Erziehern gesprochen, weil wir dagegen sind, den Kindern das Ruhen zu »verordnen«. Es sollte ein freiwilliges Angebot sein. Leider finden die Pädagogen, dass die Regel ohne Ausnahme für alle gelten muss. Müssen wir das akzeptieren?

Maja K.

Antwort von Jesper Juul:

Das hört sich stark nach der ehemaligen DDR an. Finden Sie also eine andere Kita für Ihr Kind. Die Wahrheit ist, dass dieses Regime nur das Leben der Pädagogen einfacher macht und nicht die Lebensqualität der Kinder verbessert. Deswegen sollte diese Regel geändert werden. Ich frage mich, wie tough und direkt Sie und die anderen Eltern dieses Thema in der Kita angesprochen haben – oder ob Sie so wie viele deutsche Mütter Ihr Anliegen als Frage, im Konjunktiv und lediglich sachte angedeutet haben. Die richtige Formulierung sollte nämlich sein: »Uns gefällt nicht, wie Sie unsere Kinder in Ihrer Einrichtung behandeln, und deswegen möchten wir, dass dieser Umstand geändert wird.«

Oma die Zweite

Ich habe einen Enkel (3), der noch eine zweite Oma hat, die sich auch lieb kümmert. Seit einiger Zeit habe ich das Gefühl, dass sie mich als Konkurrentin sieht: Gehe ich mit ihm in den Zoo, fährt sie auch mit ihm hin. Bekommt er von mir ein Auto geschenkt, kauft sie ihm ein größeres. Ich weiß nicht, ob ich mir das einbilde, aber ich finde das unsinnig. Soll ich mit ihr sprechen oder sie ignorieren?

Ursula P.

Antwort von Jesper Juul:

Ob Sie mit ihr reden sollen oder nicht, hängt davon ab, was für eine Art von Beziehung Sie künftig mit ihr führen möchten. Wenn Sie eine gute und freundschaftliche Beziehung wünschen, rate ich Ihnen, dass Sie damit anfangen, Sie in die Ausflüge mit Ihnen und Ihrem Enkelsohn einzuladen, wenn Sie etwa in den Zirkus gehen oder so etwas (sofern das überhaupt geografisch möglich ist). Indem sich die Beziehung zu ihr festigt, können Sie die zweite Oma fragen, wie sie das Ganze sieht – damit Sie beide diese Art des Wettbewerbs beenden können. Wenn Ihnen die Beziehung zu ihr nicht so wichtig ist, sollten Sie aufhören, ihr Verhalten verstehen zu wollen. Aus Sicht des Jungen ist das eine coole Sache, und wenn die Situation den Eltern des Kindes nicht gefällt, so ist es deren Aufgabe, mit der zweiten Oma darüber zu sprechen. Was auch immer die Erwachsenen zu ihrer Angelegenheit machen oder entscheiden: Das Wohl des Jungen ist nicht in Gefahr.

Ehevertrag

Mein Freund und ich werden im August heiraten. Nun hat er mir gesagt, dass er einen Ehevertrag schließen möchte – für den Fall, dass wir uns mal scheiden lassen. Mich schockiert das, er sollte mich besser kennen und mir nach all den Jahren vertrauen. Er hat mir damit die Vorfreude genommen. Muss ich den Vertrag unterschreiben, obwohl ich finde, dass wir so was nicht brauchen?

Michaela R.

Antwort von Jesper Juul:

Ich verstehe Ihre Reaktion und glaube, es wäre schlauer gewesen, wenn er mit Ihnen darüber gesprochen hätte, als Sie beide damals beschlossen haben zu heiraten. Nachdem er das nicht getan hat, sind Sie jetzt schockiert, was egozentrisch ist. Sie beide haben Ihren Anteil an der momentan schlechten Stimmung. Der einzige Ausweg ist, darüber noch einmal zu sprechen, damit Sie seine Motivation für so einen Vertrag verstehen und er Ihre Gründe, warum Sie dagegen sind. Nur wenn Sie das geschafft haben, werden Sie wissen, wie sein Vorschlag die Grundfesten Ihrer Beziehung verändert hat.

Sehr ähnlich

Wir haben zwei Töchter, die unterschiedlicher nicht sein könnten. Ich glaube, dass mir die Ältere sehr ähnlich ist, vielleicht haben wir daher oft Streit. Mit ihr bin ich auch unnötig streng, ganz im Gegensatz zu der Kleinen. Ich frage mich, ob ich das Verhältnis, das ich zu meiner Mutter hatte und das oft nicht sehr liebevoll war, wiederhole. Wie kann ich dagegen ankommen?

Ulrike K.

Antwort von Jesper Juul:

Das hört sich in der Theorie richtig an, aber nur, weil Sie sich Ihrer eigenen Geschichte bewusst sind, heißt das noch lange nicht, dass sich dadurch auch Ihr Verhalten ändert. Zum Glück ist Hilfe nah – nämlich in Form Ihrer Tochter. Nehmen Sie sich Zeit für einen langen Spaziergang und sagen Sie ihr, wie Sie sich selbst als Mutter wahrnehmen, was Sie an sich gerne ändern würden und vor allem: Bitten Sie Ihre Tochter um Hilfe! Das ist nicht nur hilfreicher als jeder Besuch beim Therapeuten, sondern es wird ihr auch das Gefühl geben, wichtig und nützlich zu sein und sie davon abhalten, das Problem mit in die nächste Generation zu schleppen. Zudem gibt es Ihnen die Möglichkeit, sich künftig so zu verhalten, wie Sie es nie für möglich gehalten haben.

Opfern?

Die Kinder meines Partners wollen keinen Kontakt, obwohl mein Freund seit der Scheidung versucht, ihnen und seiner Ex-Frau alles recht zu machen. Stattdessen hagelt es Vorwürfe. Er leidet darunter, und ich bekomme seine schlechte Laune ab. Obendrein macht er mir Schuldgefühle, obwohl sie sich lange vor mir getrennt haben. Hat unsere Beziehung so eine Zukunft?

Johanna B.

Antwort von Jesper Juul:
Natürlich kann Ihre Beziehung eine Zukunft haben! Ihrer Frage nach scheint es mir aber, als ob sich Ihr Freund erst mal von dem Zwang, jeden glücklich machen zu wollen, lösen muss (ich nehme an, er will auch Sie ständig zufriedenstellen?). Es scheint seltsamerweise ein Geheimnis zu sein, dass sich unser eigener Anteil an einer Scheidung in künftigen Beziehun-

gen immer wiederholt. Die Tatsache, dass ihn seine Kinder im Moment zurückweisen, führt Ihren Freund in eine existenzielle Krise. Das ist eine Chance für ihn, daran zu reifen. Wenn Ihr Partner gewillt ist, daran zu arbeiten, wird er Ihre Liebe und Unterstützung in den nächsten zwei bis drei Jahren brauchen. Wenn er allerdings daran festhält, sich weiter nur als Opfer zu sehen, wäre mein Rat, sich von ihm zu distanzieren, bevor er auch zu Ihrem Opfer wird.

Stillen

Ich erwarte ein Baby und weiß schon, dass ich es nicht stillen mag. Ich wurde auch nicht gestillt, und die Vorstellung, dass da immer was an mir hängt, finde ich gruselig. In meinem Freundeskreis ernte ich dafür kein Verständnis. Einige versuchen, mir ein schlechtes Gewissen zu machen. Ich befürchte auch, dass man mir im Krankenhaus das Kind automatisch an die Brust legt. Was kann ich tun?

Eva K.

Antwort von Jesper Juul:
Ich wünsche Ihnen, dass Sie Ihre Position noch einmal überdenken, denn Sie haben sie komplett getrennt von der Beziehung zu Ihrem Kind getroffen, und das könnte Ihnen beiden einen problematischen Start miteinander bescheren. Abgesehen davon kann ich Ihnen nur sagen: Wann immer wir beschließen, unsere Leben anders als die anderen zu leben, riskieren wir soziale Isolation und Einsamkeit. Wir glauben zwar, dass unsere Familie und Freunde verständnis-

voller, akzeptierender und rücksichtsvoller sind, aber meist zeigt sich, dass sie genauso fest an ihren Überzeugungen hängen wie wir selbst. Um sich treu zu bleiben, müssen Sie dem Krankenhaus sehr klar mitteilen, wie Sie sich entschieden haben, und brauchen Geduld, um sich anzuhören, was man Ihnen dort dazu aus professioneller Sicht zu sagen hat.

»Ticket« verloren

Mein Sohn (7) wohnt nach der Trennung von meiner Frau drei Tage pro Woche bei mir und schläft dann ohne Komplikationen in seinem Bett. Durch Zufall habe ich erfahren, dass er – wenn er bei seiner Mutter ist – immer bei ihr im Bett schläft. Ich habe meine Ex-Frau darauf angesprochen, doch da reagierte sie aufbrausend. Geht mich das wirklich nichts an?

Thomas H.

Antwort von Jesper Juul:

Nein, es geht Sie überhaupt nichts an, wie Ihre Ex-Frau Ihr Kind erzieht. Ihnen steht natürlich frei, ihre Methoden zu kommentieren und Vorschläge dazu zu machen. Aber ihr steht es ebenso frei, das zu tun, was sie eben für richtig hält. Sie haben am Tag Ihrer Scheidung Ihr »Ticket« verloren, das Ihnen bis dahin erlaubt hat, im Leben des anderen Partners mitzumischen. Dennoch würde ich gerne versuchen, Sie zu beruhigen: Dass Ihr Sohn noch im Bett seiner Mutter schläft, wird ihm nicht schaden – ganz egal, wie einfallsreich die Erklärungen Ihrer Ex für diesen Umstand auch sein mögen. Sie müssen als Beispiel vorangehen, damit Ihr Sohn von Ihnen lernen kann, wie man erwachsen und zu einem verantwortungsvollen, unabhängigen und reifen Mann wird.

Schwache Führung

Meine Söhne (3 und 5) sind im Kindergarten. Immer wieder beobachte ich, wie die Kinder dort schreckliche Gewaltfantasien entwickeln. Es wird rumgeballert, die Großen wollen die Kleinen »töten«, ständig geht es darum, wer der Ober-Chef, Unter-Chef, gar kein Chef ist. Zu Hause spielen meine Jungs anders. Was kann man tun, um diese Dynamik zu stoppen?

Markus G.

Antwort von Jesper Juul:
Diese Dynamik ist sehr oft ein Symptom für eine schwache Führung im Kindergarten. Meist liegt das an der Philosophie, nicht eingreifen zu wollen und den Kindern die Art und Weise des Umgangs untereinander zu überlassen. Diese Verantwortung zu tragen ist jedoch viel zu groß für Kinder. Es geht dabei nicht um Grenzen setzen, sondern um einen Mangel an folgerichtigen Werten. Nachdem ich die Erzieher in diesem Kindergarten nicht kenne, kann ich Ihnen aber auch nicht dabei helfen, wie man sie am besten auf dieses Problem anspricht.

Geben und Nehmen

Mein Sohn (2) will anderen Kindern nichts wegnehmen, andererseits aber auch nichts abgeben oder ausleihen. Andere Eltern raten mir, ich solle ihn zum Teilen zwingen. Ist das wirklich notwendig, damit er als soziales Wesen anerkannt wird? Oder vermittle ich ihm damit: Wegnehmen ist nicht okay. Aber wenn andere dir etwas wegnehmen, dann schon?

Nadine F.

Antwort von Jesper Juul:

Kinder haben eine natürliche Veranlagung darin, Dinge mit anderen zu teilen, das zeigt sich immer wieder während der ersten drei, vier Jahre. Wenn sie jemanden verlieren, der ihnen nahesteht (das kann auch ein Haustier sein), können sie anschließend durch eine Zeit gehen, in der sie sich an Dinge klammern. Ihr Sohn ist erst zwei und deswegen hat er noch viel Zeit. (Zu) viele Eltern haben allerdings aus dem Teilen ihr persönliches Prestige-Projekt gemacht, und weil viele Kinder auf sie hören, verpassen sie diese natürliche Entwicklung und erleben nicht, wie ihre Eltern ihnen vertrauen, das auch zu lernen. Wenn Sie Ihren Sohn im Streit mit einem Kind sehen, sagen Sie ihm: »Ich wünsche mir, dass du dein Spielzeug mit anderen teilst. Aber nimm dir Zeit, bis du bereit dafür bist.« Ich kann Ihnen garantieren, dass er das beherzigen wird, wenn er so weit ist – vor allem, wenn er vorher mit Kindern zusammen sein kann, die ihm ihre Sachen anbieten. Kinder werden mit diesen sozialen Fertigkeiten geboren und der großen Lust, mit anderen zu teilen.

Konkurrenzkampf

Mein Sohn, 9, ist ein halbwegs guter Schüler. Ich mische mich aus Prinzip nicht in seine Hausaufgaben ein und lerne nur mit ihm, wenn er mich darum bittet, was er selten tut. Fast alle Eltern üben täglich mit ihren Kindern, die Lehrer scheinen das auch zu erwarten. Mein Sohn erlebt so einen »Wettbewerbsnachteil«. Ich will mich diesem Förder- und Leistungsdruck nicht beugen. Was raten Sie mir?

Kathrin F.

Antwort von Jesper Juul:

Ich bin Ihrer Meinung, und glaube dennoch, dass Sie mit Ihrem Sohn ein ernstes Gespräch führen sollten, um herauszufinden, ob er sich nur loyal Ihnen und Ihrer Philosophie gegenüber verhält, und deswegen seine Gefühle versteckt. Er könnte sich eigentlich Ihre Unterstützung wünschen und sie auch brauchen – und sollte sie daher von Ihnen bekommen, auch ohne an dem großen Konkurrenzkampf teilnehmen zu müssen. Die Frage ist nur, ob er sein intellektuelles Potenzial selbst wahrnimmt oder nicht. Dabei geht es nicht darum, welchen Platz er auf der Liste der Lieblingsschüler der Lehrer einnimmt. Er kann sich auf Ihre ungebrochene Unterstützung als ein »Außenseiter« in dem gängigen Schulsystem verlassen. Seien Sie aber vorsichtig damit, das Verhalten seiner Klassenkameraden »falsch« zu nennen, nur weil sie sich an dem akademischen Konkurrenzkampf beteiligen.

Klarheit in dieser Sache

Ich habe mit meinem Mann zwei Kinder, das Jüngste ist drei Jahre. Ich habe für die Familie immer beruflich zurückgesteckt, mein Mann ist selbstständig und konnte keine Elternzeit nehmen. Nun will ich zurück in den Job, dafür müsste er seine Wochenstunden reduzieren oder anders aufteilen. Er sagt, das geht nicht. Ich sehe das anders. Wie kann ich ihn davon überzeugen?

Mirjam N.

Antwort von Jesper Juul:

Das hängt davon ab, was er mit seiner Antwort wirklich meint. Sagt er, dass er keine Möglichkeit sieht, wie das funktionieren könnte? Oder sagt er Ihnen damit, dass er nicht weniger arbeiten möchte? Wenn dem so ist, bitten Sie darum, dass er das dann auch klar formuliert, und beginnen Sie den Dialog neu. Vielleicht fühlt er sich, wie so viele Väter, tief verunsichert, wenn er nun in ihre Fußstapfen treten soll? Vielleicht hat er Angst davor, dass Sie ihn kritisieren und korrigieren könnten? Sie haben jetzt viele Jahre Erfahrung im Umgang mit Ihren Kindern und deren Erziehung. Er muss bei null anfangen. Vielleicht braucht er Ihr Versprechen, dass Sie sich nicht in seine Art einmischen, die Dinge zu handhaben, und dass Sie ihm stattdessen helfen und ihn beraten. Was immer gerade bei Ihnen los ist: Sie beide müssen sich Klarheit in dieser Sache verschaffen. Wenn nicht, wird es seinem Selbstwertgefühl und Ihrer Beziehung schaden.

Geschwister

Als unsere Tochter vor zwei Jahren geboren wurde, war unser Sohn (heute 7) sehr eifersüchtig. Wir dachten, dass sich das mit der Zeit legt, doch es wurde schlimmer: Er drangsaliert sie, wann er nur kann, ständig gibt es Tränen und Geschrei. Wir reden viel mit ihm und unternehmen bewusst Ausflüge mit ihm allein, nichts hilft. Was sollen wir tun?

Andrea L.

Antwort von Jesper Juul:

Meiner Erfahrung nach wird es schwierig, weil es schon so lange so geht. Mein einziger Rat wäre, dass Sie sich mit seinem Vater zusammensetzen und versuchen zu akzeptieren, dass dies der einzige Sohn ist, den Sie haben, und dass er gute Gründe für sein Verhalten haben wird. Wir müssen das zunächst annehmen, bevor wir etwas ändern können. Gehen Sie dann zu ihm und sagen Sie: »Uns tut es leid, dass wir deine Gefühle deiner Schwester gegenüber nicht von Anfang an ernst genommen haben. Das war unser Fehler, nicht deine Schuld. Seit es unser Familienleben schwierig macht und so ganz anders, als wir uns das vorgestellt haben, sind wir nun bereit, dich zu fragen, wie es dir geht und warum.« Seit vielen Jahren habe ich eine Faustregel: Wenn du alles versucht hast, ohne Erfolg, dann versuche, die Wahrheit über dich zu erzählen.

Nicht Opfer werden

Ich habe einen neuen Freund, den ich auf Tinder kennengelernt habe. Neulich habe ich gesehen, dass er die App immer noch auf seinem Handy hat. Darauf angesprochen, meinte er, dass er nur ab und zu da reinguckt, aus Neugier. Löschen will er seinen Account nicht. Ich mache mir Sorgen, dass er schon fremdgeht. Kann ich ihn zwingen, diese App zu löschen?

Petra L.

Antwort von Jesper Juul:

Ich kann mir nicht vorstellen, wie Sie Ihren Freund zum Löschen dieser App zwingen wollen. Sie könnten versuchen, ihn zu manipulieren, indem Sie dauernd an ihm herumnörgeln und sich beschweren, aber das wird jede Hoffnung für eine gemeinsame Zukunft zerstören. Ich möchte Ihnen raten, dass Sie ihm die Möglichkeit anbieten, ehrlich zu Ihnen zu sein: »Wenn du diese App weiterhin benutzen möchtest, weil du dir nicht sicher bist, ob du dich auf eine Beziehung mit mir einlassen möchtest, sag mir das einfach und dann gucke ich, was ich aus dieser Information mache.« Zwingen Sie ihn, sich verantwortlich Ihnen gegenüber zu zeigen, und werden Sie nicht zum Opfer seines Verhaltens.

Den Moment genießen

Bei meiner Nichte (22) wurde vor Weihnachten ein bösartiger Gehirntumor diagnostiziert. Ihre Lebenserwartung schwankt zwischen sechs Monaten und weni-

gen Jahren. Wir, ihre Familie, sind völlig überfordert. Ihr ein »Gutes neues Jahr« zu wünschen, klingt doch zynisch. Ich weiß gar nicht, was ich beim nächsten Treffen oder Telefonat sagen soll. Was raten Sie?

Juliane P.

Antwort von Jesper Juul:

In einer Situation wie dieser ist es noch viel wichtiger, Ihrer Nichte ein glückliches neues Jahr zu wünschen – wenn gleich auch in einer leicht veränderten Version. Schreiben Sie ihr doch: »Ich kann mir gut vorstellen, dass du sehr traurig bist über deinen Gesundheitszustand. Aber ich wünsche dir wirklich von Herzen, dass du dein Leben genießen kannst, solange es nur geht. Bitte lass mich wissen, wenn ich irgendetwas für dich tun kann.«

Ungerecht?

Meine Schwiegereltern machen ihrem Sohn, seiner Frau und meiner Frau immer großzügige Geldgeschenke. Nur ich bekomme nichts. Ihre Begründung: Wir haben getrennte Konten, ihr Sohn und ihre Schwiegertochter dagegen ein gemeinsames. Ich finde das nicht stichhaltig und fühle mich ungerecht behandelt. Meine Frau versteht meine Kränkung nicht. Wie sehen Sie das?

Harald K.

Antwort von Jesper Juul:

Zu Ihrer Situation kann ich nur recht knapp sagen: Es ist das Geld Ihrer Schwiegereltern, und sie können damit machen, was sie wollen. Offenbar haben Sie und Ihre Schwiegereltern ein sehr unterschiedliches Verständnis von Fairness und sie sind nicht darauf vorbereitet, Ihre Gefühle in dieser Angelegenheit ernst zu nehmen – ebenso wie Ihre Frau. Familientherapeuten wissen, dass man Menschen nur bitten muss, über Sex oder Geld zu sprechen, wenn man etwas über die grundlegende Dynamik innerhalb einer Familie erfahren möchte. Wenn Sie das Gefühl haben, dass Ihre Frau Ihre Bedürfnisse und Vorstellungen grundsätzlich nicht ernst nimmt, ist das eine ernste Sache, die Sie besser bald mit ihr besprechen sollten. Mein Rat wäre allerdings, nicht das Verhalten ihrer Eltern als Beispiel dafür heranzuziehen, denn das würde Sie beide nur vom Weg abbringen.

Umzug

Mein Mann und ich haben uns einvernehmlich getrennt, nun möchte ich mir einen Lebenstraum erfüllen und mit den Kindern (7, 13 und 15) von Bayern nach Berlin ziehen. Wir haben dort weder Verwandte noch Freunde, es wäre der totale Neuanfang. Bei den Kindern stieß meine Idee auf Entsetzen, bei ihrem Vater können sie nicht bleiben. Kann ich sie zu einem Umzug zwingen?

Sibylle B.

Antwort von Jesper Juul:

Natürlich können Sie Ihre Kinder zu einem Umzug zwingen, aber ich würde das nicht empfehlen. Mein Vorschlag wäre, Ihren Kindern zu sagen, dass Sie sich entschieden haben umzuziehen. Dann kommt der nächste wichtige Schritt: Fordern Sie ihren Widerstand, helfen Sie ihnen, ihre Gedanken und Gefühle

zu formulieren, und geben Sie ihnen dafür so viel An-
erkennung wie nur möglich. Wiederholen Sie diesen
Dialog nach ein paar Wochen und gucken Sie, wie sich
ihre Positionen möglicherweise verändert haben. Machen Sie das Gleiche dann noch einmal. Das Timing
ist wichtig, gerade wenn die Scheidung weniger als
drei Jahre her ist. In diesem Fall kann es schlauer sein,
mit einem Umzug zu warten, bis die Wunden verheilt
sind. Auch wenn Ihre Kinder die Veränderung weiterhin »hassen«, werden sie auch feststellen, dass Sie Ihr
Möglichstes getan haben, um ihre Bedenken ernst zu
nehmen. Sie werden am Ende ihre negativen Gefühle
alle mit nach Berlin nehmen, die aber mit der Zeit ver-
blassen. Ihrem Ältesten könnte es vielleicht nicht so
gehen, aber das ist dann eben so. Ihre Beziehung zu
ihm wird das überleben, wenn auch mit einem kleinen Knacks.

Vater unseres Kindes

*Ich habe seit einigen Monaten einen neuen Freund,
mit dem ich über alles reden kann – nur nicht über meinen Kinderwunsch. Ich will schon seit vielen Jahren
Mutter werden, aber nun traue ich mich nicht, mit ihm
darüber zu sprechen – aus Angst, dass er vielleicht kein
Kind will und mich dann verlässt. Was soll ich tun?*

Karen F.

Antwort von Jesper Juul:
Ich glaube, dass Sie die Antwort schon wissen! Sie
müssen mit ihm reden und Sie müssen 100 Prozent
ehrlich zu ihm sein. Sagen Sie ihm: »Ich habe große

Angst, darüber mit dir zu reden, weil ich alle möglichen negativen Fantasien dazu habe, wie du reagieren könntest. Auf der anderen Seite weiß ich, dass ich mich mit dir nicht wohlfühlen kann, wenn ich das nicht mit dir bespreche, also Folgendes: Ich will seit vielen Jahren Mutter werden und ich weiß jetzt, dass ich mir dich als Vater unseres Kindes wünsche.« Wenn Sie davor wirklich große Angst haben, können Sie ihm auch einen Brief schreiben (keine E-Mail). Ich finde es interessant und auch ein bisschen beängstigend, dass immer mehr Frauen davon erzählen, dass sie ein Kind haben wollen. Das klingt oft so, als ob Sie es für sich alleine haben wollten und ihren Partner nur als Samenspender brauchen. Das würde mich als Mann immer verschrecken.

Erwachsen werden

Meine 17-jährige Tochter hat nur Abneigung für meinen neuen Partner übrig. Er versuchte, das leichtzunehmen, doch nun ist es so eskaliert, dass beide nichts mehr miteinander zu tun haben wollen. Kann ich die Partnerschaft aufrechterhalten, obwohl ich weiß, dass sich beide Seiten unversöhnlich zerstritten haben und sich nicht mehr begegnen sollten?

Maria R.

Antwort von Jesper Juul:
Wenn Ihre Tochter noch zu Hause lebt, wird das Zusammenleben schwierig werden und die Beziehung zu Ihrem Partner auf eine große Belastungsprobe gestellt. In Ihrer Situation würde ich die beiden zu-

sammenbringen und ihnen das Folgende sagen (Versuchen Sie dabei, nicht zu weinen!): »Ich liebe euch beide und ich möchte das, was zwischen euch steht, aus der Welt schaffen. Ihr beide müsst endlich erwachsen werden... und zwar bald!« Dabei ist es wichtig, dass Sie nicht betteln, sich nicht verteidigen oder an ihr Pflichtbewusstsein appellieren. Das Drama spielt sich nur zwischen diesen beiden ab. Fassen Sie sich kurz, sagen Sie nur diesen einen Satz und verlassen Sie dann den Raum. Lassen Sie keinen von beiden aus, indem Sie sich in die Diskussion mit hineinziehen lassen, bis die beiden es nicht miteinander versucht haben.

Geschwister

Meine Frau und ich führen eine glückliche Ehe. Wären da nicht ihre Geschwister. Eigentlich kommen wir gut klar. Wenn sie mich um Hilfe bitten, bin ich für sie da. Doch sie wollen nur ihr Schwesterchen. Meine Frau kann sich nicht distanzieren und leidet darunter. Mir geht das auf die Nerven. Oder gilt, dass man nicht nur Eltern »ehren« muss, sondern auch Geschwister?

Jakob K.

Antwort von Jesper Juul:
Zunächst würde ich nichts mehr zur Beziehung zwischen Ihrer Frau und ihren Geschwistern sagen. Nachdem Sie Ihre Zweifel haben, werden Sie ihr damit nur zu verstehen geben, dass Sie diese Bindung nicht verstehen. Das wird Ihre Frau noch enger an die Familie binden. Hören Sie tief in sich hinein und

sagen Sie: »Ich liebe dich sehr und ich wünsche mir, dass ich dir nützlich sein kann. Immer wenn dich deine Geschwister um Hilfe bitten, fühle ich mich nutzlos, und das gefällt mir nicht. Ich würde gerne wissen, warum das so häufig passiert – sofern du überhaupt weißt, warum?« Geben Sie ihr nicht die Möglichkeit, Ihre Bedenken als Eifersucht abzutun. Wenn das passiert, haben Sie verloren. Dann werden Sie beide frustriert und einsam. Es gibt viele, zum Teil exotische Muster zwischen Geschwistern. Manche sind bewusst, andere nicht, aber sie existieren seit Jahrzehnten und werden sich nur ändern, wenn sich alle dazu entscheiden. Die einzige konstruktive Möglichkeit ist, das Gespräch mit Ihrer Frau zu suchen, in dem sie beide ihre Ansichten vorbringen und davon absehen, die eine »Wahrheit« bereits zu kennen. Wenn Sie mit ihr sprechen, seien Sie geduldig! Es könnte Monate dauern, bevor sie dazu bereit ist.

Pubertät

Unser zehnjähriger Sohn bekommt erste pubertäre Anwandlungen. Noch recht harmlos, aber manchmal wird er sehr wütend und tobt. Ich weiß, dass ich lernen muss, wie ich mit seinen Hormonschüben umgehe. Aber gerade finde ich das noch lustig und neige dazu, ihn zu veräppeln. Natürlich kommt das bei ihm nicht so gut an. Ist es schlimm, Kinder in der Pubertät auf den Arm zu nehmen?

Janina K.

Antwort von Jesper Juul:

Das ist erlaubt, aber nicht, wenn er es hören kann. Es schadet der Beziehung zu Ihrem Sohn, weil es ihn auf eine hormonelle Phase reduziert. Würden Sie es mögen, wenn er Sie als Reaktion darauf als »typische Frau in den Wechseljahren« bezeichnet? Dass Sie sich frustriert und hilflos fühlen, ist hingegen total okay. Das führt häufig zu aggressiven Gefühlen und Verhalten. Ich habe die Hoffnung, dass Sie bereit dafür sind, sich als Mutter und Frau weiterzuentwickeln, und dass sein unstetes Verhalten Ihr zwischenmenschliches Gespür und Verhalten provoziert und inspiriert. Ein Tipp: Teenager hassen Eltern, die alles besser wissen. Sie sehen, dass ihre Eltern kein perfektes Leben führen... und sie verzeihen ihnen das jeden Tag, aber erst nachdem sie geschrien haben: Ich hasse dich für immer! Das liegt an all dem Guten, das ihnen die Eltern mitgegeben haben. Nur wird es ein paar Jahre dauern, bis sie das auch zugeben können. Wenn die Beziehung auf einem guten Fundament stehen soll, ist es nun Ihre Aufgabe, ihr Kind zu lieben, egal, was gerade vorgefallen ist.

Schwiegermutter

Seit mein Schwiegervater gestorben ist, wohnt meine Schwiegermutter alleine in dem Haus, das meinem Mann und mir gehört. Sie wirkt überfordert, obwohl sie eigentlich fit ist. Wir wollen das Haus umbauen und selbst bewohnen, aber das ist ein großes Tabu. Sie selbst sagt nichts zu unseren Plänen, die sie lange kennt. Muss ich die Familientradition des Nicht-Kommunizierens akzeptieren? Oder darf ich mich einmischen?

Judith P.

Antwort von Jesper Juul:

Oh ja, Sie dürfen sich einmischen. Je eher, desto besser! Aber bleiben Sie unbedingt bestimmt, konkret, höflich – und gehen Sie davon aus, dass Ihre Schwiegermutter im Anschluss in Panik gerät.

Schwierige Großeltern

Meine Eltern klagen, dass sie ihre Enkelkinder nicht genug sehen und dass wir die Schwiegermutter bevorzugen. Meine Kinder (beide 10) wollen aber nicht zu ihnen, weil mein Vater sehr streng ist und oft laut wird. Meine Frau hat den Kontakt deshalb stark beschränkt. Sie findet, dass die Kinder selbst bestimmen sollen, wie oft sie Oma und Opa besuchen. Der Streit belastet mich. Was kann ich tun?

Bernd G.

Antwort von Jesper Juul:

Ihr Problem besteht, weil Ihre Eltern der Meinung sind, ein »Recht« darauf zu haben, die Enkel zu sehen. Früher hatten sie das tatsächlich, und Kinder und Enkelkinder waren verpflichtet, dem nachzukommen. Aber Zeit mit Enkeln zu verbringen (ich habe zwei), ist ein Privileg, das wir uns erarbeiten müssen und das verloren gehen kann. Das Gleiche gilt, wenn die Eltern Kritik an Ihrer Elternschaft üben. Feedback kann nur konstruktiv für alle sein, wenn es auch gewünscht ist. Laden Sie zum Essen ein und erklären Sie: »Im

Interesse aller möchte ich sagen, dass sich meine Kinder bei euch nicht wohlfühlen. Wenn ihr bereit seid, mir zuzuhören, erkläre ich euch, wie ich die Situation sehe. Im Anschluss ist jeder eingeladen, seine Meinung zu sagen. Wenn ihr das nicht möchtet oder Zeit braucht, meldet euch, wenn ihr so weit seid.« Das wird Ihre Eltern zwar erschüttern, aber es wird Zeit, dass Sie ein Vorbild für Ihre Kinder werden, ein besserer Partner für Ihre Frau und aus der Opferrolle in der Beziehung zu Ihren Eltern entkommen. Falls diese dann die Beziehung auf Eis legen oder noch mehr Kritik üben, verlagern Sie Ihre Loyalität dahin, wo sie hingehört: in Ihre eigene Familie.

Inkontinenz

Mein Sohn ist in der 5. Klasse und hat seit jeher Probleme mit dem Zur-Toilette-Gehen. Es ist schon besser geworden, aber manchmal nässt er sich ein, weil er nicht auf das Schulklo will oder es nicht merkt. Ich schäme mich sehr für ihn und fürchte, dass er ausgegrenzt wird. Der Arzt kann keine körperliche Ursache finden. War es falsch von uns zu hoffen, dass sich das Problem auswächst?

Katarina U.

Antwort von Jesper Juul:
Es war nicht falsch, aber es hat sich gezeigt, dass Ihr Plan zu optimistisch war. Zunächst sollten Sie Ihren Sohn in jede neue Strategie, die Sie haben, einweihen. Probieren Sie die jeweils vier bis sechs Wochen aus und gehen Sie dann zur nächsten über. Ich schätze,

dass Sie bisher vermieden haben, sich aktiv und empathisch einzumischen. Jetzt ist jedenfalls die Zeit gekommen, damit anzufangen. Sprechen Sie zunächst als Eltern darüber, was emotional hinter seiner Inkontinenz stecken könnte oder steckt. Vergessen Sie nicht, auch darüber nachzudenken, wie es Ihnen beiden zu der Zeit ging, als Sie von ihm verlangten, sich selbst zu kontrollieren. Nachdem Sie Ihre Strategien ausprobiert haben, könnte es sinnvoll sein, einen erfahrenen Familientherapeuten einzuweihen. Aber am wichtigsten ist, Ihren Sohn nun von Anfang an in Ihre Gespräche zu diesem Thema einzubinden. So wird er verstehen, dass nur er sein Problem lösen kann. Kein Erwachsener kann das für ihn übernehmen, sie können ihn lediglich dabei unterstützen. Ihnen sollte klar sein, dass die Welt voll ist mit physiologischen wie psychologischen Theorien zu diesem Problem. Suchen Sie den Weg, der zu Ihnen passt, und geben Sie die Verantwortung nie an jemand anderen ab.

Pädagogin

Neulich sprach mich die Erzieherin unserer fünfjährigen Tochter an. Ich sei zu meinem Kind oft zu distanziert und umarme es zu wenig. Und ob ich seit der Trennung von meiner Frau denn genug Kontakt zu meiner Tochter habe. Geht sie damit nicht zu weit? Soll ich sie in ihre Grenzen weisen und wenn ja, wie?

Christian T.

Antwort von Jesper Juul:
Ich bin von der Form der Verantwortlichkeit dieser

Pädagogin beeindruckt! Nachdem ich aber weder ihre Stimmlage noch ihren Gesichtsausdruck gesehen habe, als sie das zu Ihnen sagte, fällt es mir schwer, Sie bei Ihrem nächsten Schritt zu beraten. Egal ob Sie sich moralisch oder persönlich verletzt fühlen, Sie sollten ihr sagen, dass ihr Verhalten Sie so verstört hat, dass es Ihnen schwerfällt herauszufinden, auf welche Beobachtungen sie ihre Aussage stützt, und dass sie diese bitte erklären soll. Das könnte aus professioneller Sicht komplett unqualifiziert sein; in diesem Fall sollte die Erzieherin darüber noch einmal nachdenken und ihre Meinung erst dann sagen, wenn Sie dazu bereit sind. Akzeptieren Sie niemals negative Kritik. Keine Form von Kritik, egal woher sie kommt, hat je elterliche Fähigkeiten verbessert oder deren Kindern geholfen. Hat sie hingegen gute Gründe aus professioneller Sicht, sollte Ihnen bewusst sein, dass die meisten Menschen sich schwertun, ihre Bedenken zu äußern und deswegen nichts sagen – was noch schlimmer ist. Diese Unsicherheit kann daher zu etwas ungeschickten Formulierungen führen, für die sie Ihr Feedback braucht.

Noch ein Kind

Ich habe mir von klein auf eine große Familie gewünscht und möchte deswegen noch ein viertes Kind. Mein Mann weigert sich jedoch, mir diesen Wunsch zu erfüllen. Eigentlich führen wir eine gute Ehe, aber diese Diskussion wird immer mehr zum Problem. Wie kann ich ihn davon überzeugen, über seinen Schatten zu springen?

Ulrike F.

Antwort von Jesper Juul:

Um ein Kind zu bekommen, ob das erste oder das vierte, ist es nötig, dass dieses Kind zwei Eltern hat, die bereit sind, es mit ganzem Herzen in der Familie zu begrüßen. Und genau das ist in Ihrer Familie nicht der Fall. In Ihrer Fantasie mag der Widerstand Ihres Mannes vielleicht von einem individuellen, persönlichen Problem in seiner Vergangenheit kommen, aber ob das wahr ist oder nicht: Jeder weitere Versuch, ihn von einem vierten Kind zu überzeugen, wird zu einem stärkeren Nein führen oder, schlimmer noch, zu einem halbherzigen Ja, damit Sie endlich Ruhe geben, oder er Sie zufriedenstellt. Das ist keine gute Atmosphäre für ein weiteres Kind.

Überverantwortliche Mutter

Meine Frau schont sich keine Minute. Wenn wir darüber sprechen, dass sie mal eine Auszeit nehmen sollte, überlegt sie, welches unserer drei Kinder (3, 5, 8) sie mitnehmen könnte. Oder sie plant wieder für die gesamte Familie. Wie kann ich sie da denn überhaupt entlasten? Oder sollte das für mich ein Zeichen sein, dass sie gar keine Zeit für sich allein will?

Stefan J.

Antwort von Jesper Juul:

Was für eine wunderbare Frage! Die Antwort: Für Entlastung sorgen zu wollen, ist unmöglich. Ihre Frau hat ihre eigenen Gründe für ihre Selbstzerstörung, und der Weg, dies zu ändern, geht nicht über ihr Gehirn. Was sie braucht, ist, dass Sie ein echter, gleichwürdiger Partner werden (also nicht ihr Helfer oder Assistent). Organisieren Sie einen Babysitter für einen ganzen Tag und laden Sie Ihre Frau zu etwas ein, von dem Sie wissen oder glauben, es könnte ihr Freude machen. Ignorieren Sie ihre Einwände und machen Sie alles so, wie geplant. Kaufen Sie Karten für einen Kinofilm, ein Theaterstück, die Oper, ein Konzert oder etwas, das ihr Spaß gemacht hat, bevor sie eine überverantwortliche Mutter wurde, und übernehmen Sie die Kinder für die nächsten Stunden (Ich musste damals zwei Freundinnen meiner Frau mobilisieren, um sie aus dem Haus zu bekommen, als unser Sohn noch ein Baby war). Ich will Ihnen nicht drohen, aber solange Sie der liebevolle und empathische Zuschauer in ihrem selbstzerstörerischen Prozess sind, können Sie nur verlieren – vor allem Ihre Nähe und irgendwann auch Ihre Liebe füreinander. Es ist NICHT an ihr, dies zu entscheiden – schlicht und ergreifend, weil sie ihre Prioritäten gerade falsch setzt.

Nur Spielen

Unsere zwölfjährige Tochter ist keine Granate in der Schule. Sie ist zwar kreativ, aber auch da traut sie ihren eigenen Ideen oft nicht. Am liebsten spielt sie mit ihrem dreijährigen Bruder Kinderkram. Sie scheint sich dabei wohlzufühlen. Aber muss sie nicht endlich ein Stück erwachsener werden? Wie können wir sie dabei unterstützen?

Claudia C.

Antwort von Jesper Juul:

Es scheint an der Zeit zu sein, die Entwicklung ihres Selbstgefühls aktiver und gemeinsam mit ihr zu unterstützen. Ihr Selbstvertrauen hatte noch nicht so viele Gelegenheiten, sich zu entwickeln – vermutlich liegt es an der Schule, auf die sie geht? Denn ansonsten wäre sie in ihrer Kreativität längst viel weiter. Damit kreative Köpfe ihre Kreativität auch ausleben können, sollten sie wissen, wer sie sind, und viele Möglichkeiten bekommen, herauszufinden, wie sich das anfühlt. Die Tatsache, dass es ihr am besten mit einem viel jüngeren Kind geht, ist ein Zeichen dafür, dass sich ihr kreatives Talent noch nicht über das reine Spielen hinaus entwickelt hat. Ich vermute, dass Sie Ihre Tochter sehr vorsichtig und liebevoll darin bestärkt haben, so zu sein, wie sie ist, und ihr daher nicht die Herausforderungen und die Führung gegeben haben, die alle Kinder brauchen. Sollte ich richtig liegen, sagen Sie ihr das und beginnen damit.

Alleine Mutter werden

Meine beste Freundin wünscht sich ein Kind, findet aber nicht den passenden Partner. Nun hat sie sich entschieden, alleine Mutter zu werden, und einen Arzt gefunden, der ihr mit Spendersamen dabei helfen wird. Ich verstehe ihren Wunsch, finde das Vorgehen aber ego-

istisch. Ich will ihr das nicht ausreden, aber wie kann ich ihr das sagen, ohne sie zu verletzen?

Marion V.

Antwort von Jesper Juul:

Sagen Sie ihr einfach, dass Sie ihre Entscheidung falsch finden, und fragen Sie, ob sie hören möchte, warum. Nur weil wir der beste Freund sind, haben wir nicht frei und unbeschränkt Zugang zu den Seelen unserer Freunde. Sollte sie Ihre Meinung hören wollen, sollten Sie nur über sich selbst, ihre Werte und Gedanken sprechen. Behaupten Sie niemals, sie sei egozentrisch, und sollte sie fragen, wie Sie ihre Entscheidung als solche empfinden, sagen Sie: »Ich weiß es wirklich nicht, weil ich nicht in dein Herz oder in deinen Kopf gucken kann. Ich glaube, dass wir alle aus egoistischen Gründen Eltern werden, aber ob dein Weg nun mehr oder weniger egozentrisch ist, kannst nur du beantworten. Aber egal, wie du dich entscheidest: Ich werde dich unterstützen.« Sie haben, wie Sie schreiben, die Wahl, ob Sie aus selbstsüchtigen Gründen Ihre Meinung kundtun oder eine wertvolle Beziehung fortführen.

Anderer Stressabbau

Unser siebenjähriger Sohn lässt seinen Ärger gern an unserer Katze aus. Er zieht sie am Schwanz und hat neulich auch mal mit dem Fuß nach ihr getreten. Ich drohe dann immer wieder damit, sie wegzugeben, wenn er damit nicht endlich aufhört. Ergibt so eine Drohung überhaupt Sinn?

Regina D.

Antwort von Jesper Juul:

Nein, das ergibt keinen Sinn und es wird ihm auch nicht dabei helfen, seinen Frust in gesündere Bahnen zu lenken. Er muss wissen, dass es in Ordnung ist, auch mal wütend zu sein, und dass es in Ordnung ist, wenn er mal wütend ist. Aber ohne Ihre Akzeptanz und Ihre Unterstützung wird er sich Ihnen entziehen. Er weiß längst, dass es falsch ist, nach der Katze zu treten, und dass Sie das nicht mögen. Er weiß allerdings noch nicht, wie er sein Unwohlsein seinen Eltern anders mitteilen kann. Wenn es erneut zu diesem Verhalten kommt, sagen Sie ihm: »Wir wissen beide, dass ich nicht möchte, dass du anderen Lebewesen wehtust. Aber ich gehe davon aus, dass dich etwas ärgert, das mit der Katze gar nichts zu tun hat. Kannst du mir erklären, wer oder was das ist?« Er wird über die nächsten Monate nach neuen Wegen suchen, emotionalen und sozialen Stress abzubauen.

Trauer

Ich bin gerade von meiner Freundin verlassen worden und leide wirklich sehr. Auch meine Tochter, 12, hatte sie gern und trauert ihr hinterher. Oft kommt es dazu, dass ich nicht in der Lage bin, sie zu trösten, wenn wir uns an sie erinnern. Stattdessen übernimmt sie es, mich zu trösten. Ich mache mir ziemlich Druck, dass das nicht gut für sie ist. Ich kann es aber gerade einfach nicht ändern. Was kann ich tun?

Wolfgang K.

Antwort von Jesper Juul:

Egal, wie alt ein Kind ist: Es ist nichts daran falsch, sich gegenseitig zu trösten. Das ist eine wunderbare und wertvolle Erfahrung für Sie beide und wird Ihre Beziehung stärken. Aber es wird zur Last, wenn Sie nun dauernd über Ihre Hilflosigkeit sprechen und sie um Rat bitten, denn dann könnte sie sich verantwortlich für Sie fühlen. Wenn Sie sich beide also mal miteinander ausgeweint haben, umarmen Sie Ihre Tochter und sagen: »Danke, dass du deine Tränen und Gedanken mit mir geteilt hast. Das schätze ich sehr. Aber jetzt sollte ich voranschreiten. Manchmal dauert das ein, zwei Jahre, aber dann tut es immer weniger weh.« Nur wenn Sie in eine echte Depression schlittern sollten, brauchen Sie professionelle Hilfe – ob alleine oder mit Ihrer Tochter, je nachdem, was sich richtig anfühlt. Meiner Erfahrung nach ist es am besten, wenn das Elternteil sich alleine Hilfe holt, denn schon das wird dafür sorgen, dass das Kind mit dem Verlust selbst klarkommt. Das könnte auch zeigen, dass es ihr selbst gar nicht so schlecht ging und sie nur versucht hat, sie zu unterstützen.

Modestil

Mein zehnjähriger Sohn trägt seit einiger Zeit nur noch Neonfarben. Ich weiß, dass es sein Körper ist, und mir ist es eigentlich auch egal, wie er rumläuft, wenn ich nicht dabei bin. Aber: Wenn ich dabei bin, halte ich den Modestil meines Sohnes einfach nicht mehr aus! Was darf ich tun?

Sandra S.

Antwort von Jesper Juul:

Die wichtigste Frage, die ich mir in Ihrer Situation stellen würde, ist die gleiche, mit der meine Eltern schon konfrontiert waren, als ich darauf bestand, mir mein Haar wachsen zu lassen. Es ist die gleiche, die Eltern heute haben, wenn ihre Kinder sich Tattoos stechen oder piercen lassen: Ist das noch mein geliebter Sohn hinter all diesen schreienden Farben? Wenn Sie fragen, wie Sie reagieren dürfen, dann schlage ich vor, dass Sie sich selbst ein paar Alternativen aufschreiben, und dann überlegen, mit welcher Sie am ehesten Ihr Ziel erreichen, wie Sie also sowohl seinen Modestil verändern, als auch Ihre Beziehung zu ihm stärken. Dabei gilt wie immer: Bitte, fragen Sie sich genau, warum ihm sein Aufzug so wichtig ist, und warum Sie sich davon so provoziert fühlen.

Ins Heim?

Meine Freundin hat eine lange, unglückliche Ehe geführt. Ihr Mann ist ständig fremdgegangen. Jetzt ist er alt und gebrechlich geworden und braucht ihre Hilfe – und sie rächt sich, indem sie ihn ins Heim steckt. Darf sie das?

Marlene L.

Antwort von Jesper Juul:

Ihre Freundin hat sich dafür entschieden, bei ihm zu

bleiben. Sie hat damit auch entschieden, all die Jahre Erniedrigungen und Einsamkeit zu ertragen. Wie es jetzt weitergehen soll, da der Mann alt und gebrechlich geworden ist, wird für sie ebenfalls eine schwere und einsame Entscheidung gewesen sein. Ich rate Ihnen deshalb, dass Sie Ihre Freundin so viel wie nur möglich unterstützen, ganz egal, was sie mit dem Mann macht. Diese Entscheidung hängt nicht von moralischen Erwägungen ab, sondern ganz allein davon, wie sie den Rest ihres eigenen Lebens verbringen will.

Genervt

Mich nervt, wenn ich im Restaurant, Hotel oder in der S-Bahn Kinder sehe, die in Anwesenheit ihrer Eltern mit schmutzigen Schuhen auf den Polstern rumklettern. Eltern und Kindern fehlt das Gefühl für Fremdeigentum und auch für Hygiene. Manchmal schaffe ich es nicht, da den Mund zu halten. Mein Mann meint, es geht mich nichts an. Hat er recht?

Susanne L.

Antwort von Jesper Juul:
Ich bin geneigt, Ihrem Mann zuzustimmen. Ich glaube nicht, dass wir andere Eltern kritisieren sollten, es sei denn, Sie fragen uns um Rat. In der Art, wie wir unsere Kinder erziehen, zeigen wir, wer wir selbst sind – bewusst oder unbewusst. Eine Debatte darüber ist darum – selbst zwischen Vater und Mutter – nie nur eine reine Kopfsache. Wie haben denn die Eltern reagiert, als Sie Ihren Unwillen äußerten? Wenn

Sie auf Verständnis stießen, versuchen Sie es weiter. Wenn nicht, sollten Sie vielleicht andere Wege suchen, Ihr Unwohlsein und Ihre Vorschläge vorzubringen. Selbst wenn sich die Menschen wegdrehen – die kleine Auseinandersetzung mit Ihnen wird sie vielleicht trotzdem bewegen, ihr Verhalten mit der Zeit zu verändern.

Bilder im Kopf

Unser Sohn, 9, hat nie viel gezeichnet, aber seit Neuestem malt er vulgäre Bilder. Auf diesen feinen Strichzeichnungen sind knutschende Paare im Bett zu sehen, Menschen auf der Toilette und andere unappetitliche Dinge. Die Bilder sind mir etwas unheimlich. Andererseits hat er sie uns von selbst gezeigt und uns gefragt, wie wir das finden. Muss ich mir Sorgen um ihn machen?

Thomas

Antwort von Jesper Juul:
Nein, das brauchen Sie nicht. Er malt nur, womit sich die meisten neunjährigen Jungen spielend beschäftigen, und was sie versuchen in ihr Wesen zu integrieren. Ich würde seine Offenheit für eine Reihe von Mann-zu-Mann-Gesprächen nutzen, die sein Selbstgefühl und Ihre Beziehung zu ihm stärken werden. Eine moralische Position einzunehmen, würde das Gegenteil bewirken. Ich beneide Sie!

Zickenkrieg

Eine recht gute Freundin plant, im Sommer zu heiraten. Eine andere Freundin hat nun erzählt, dass die Hochzeit extra spät verkündet wird (und mitten in die Schulferien hinein platziert wurde), damit möglichst ein paar absagen und das Fest nicht so teuer wird. Ich finde das ganz unmöglich und habe jetzt eigentlich keine Lust zu kommen. Oder jetzt erst recht?

Verena S.

Antwort von Jesper Juul:
Für mich – als Mann – hört sich das nach einem typischen Zickenkrieg an, also einem Kampf zwischen Frauen, die sich im Recht fühlen wollen und dabei völlig aus den Augen verlieren, was wichtig ist. Meine Frage wäre: Möchten Sie einen glücklichen Tag mit einer guten Freundin verbringen, oder suchen Sie eine Entschuldigung, um nicht kommen zu müssen?

Bedenken

Vor Kurzem hat eine befreundete Mutter meinen Sohn (3) vom Kindergarten abgeholt und mit zum Spielplatz genommen. Nun hat mir eine Nachbarin erzählt, dass sie ihn dort alleine gelassen hat, weil ihr Sohn aufs Klo musste, und sie kurz nach Hause gegangen sind. Wahrscheinlich war sie höchstens fünf Minuten weg. Ich finde es trotzdem nicht in Ordnung. Sollte ich gelassener sein?

Ina K.

Antwort von Jesper Juul:

Für ein dreijähriges Kind können fünf Minuten eine sehr lange oder auch eine sehr kurze Zeit sein. Meine Empfehlung ist, dass Sie Ihre Freundin auf die Geschichte ansprechen und herausfinden, was sie darüber denkt. Auf diese Art wird sie sich nicht angegriffen fühlen und doch Ihre Bedenken erfahren. Die meisten Konflikte lassen sich lösen, wenn wir ihnen Zeit geben. Selten sind dabei die Worte entscheidend, sondern der Rhythmus zwischen Verbalisierung und Reflexion.

Zerstörerische Beziehung

Meine Freundin ist mit einem Mann zusammen, der sie ständig runtermacht. Dann kommt sie zu mir, heult sich aus, und ich tröste sie. Der Mann ist wirklich abscheulich, er beschimpft sie zum Beispiel vor den gemeinsamen Kindern. Ich fände es besser, wenn sie sich trennen würden – und habe den Verdacht, dass ich durch meine Hilfe das System eher stabilisiere. Muss ich aufhören zu trösten?

Alexandra P.

Antwort von Jesper Juul:

Ich neige dazu, Ihnen recht zu geben. Sie sind Teil eines »Systems« mit einer destruktiven Dynamik geworden. Also: Ja, hören Sie auf zu trösten, zumindest so wie Sie es bislang getan haben. Sie können Ihre Rolle ändern, indem Sie sagen: »Ich spüre, dass meine Versuche, dich zu trösten, dich nicht wirklich dazu anregen, deine Rolle ihm gegenüber zu ändern. Wenn du dich entscheidest, deine Haltung zu ändern, werde ich ganz für dich da sein.« Sollte sie antworten: »Ich will mich verändern, aber ich weiß nicht wie«, antworten Sie: »Wenn du einige Ideen hast, würde ich mich freuen, sie mit dir zu besprechen.« Wenn ein System, in diesem Fall Familie und Freund(e), auf einen Teil zerstörerisch wirkt, dann ist es immer auch für alle anderen zerstörerisch – wenn auch auf andere Weise. Das heißt, dass egal wie gut gemeint Ihr Beitrag ist, er wird immer vom System korrumpiert. Egal, wie ehrlich Sie helfen wollen, Sie erreichen damit, dass sich nichts zum Guten verändert. Sie können das mit Co-Abhängigkeiten bei Alkoholikern vergleichen. Da kann es sein, dass das ganze Umfeld – die Frau und die Kinder – die Sucht des Vaters etwas vor seinem Arbeitgeber verheimlichen und ihn decken. Und am Ende erreichen sei gerade damit, dass er nicht vom Alkohol loskommt.

Wollen uns nicht entscheiden

Unsere engsten Freunde haben sich getrennt. Wir wollen mit beiden weiter befreundet bleiben, auch weil unsere Kinder sich gut verstehen. Nun hat uns der Vater gefragt, ob wir ihm beim Auszug aus der gemeinsamen Wohnung helfen. Er hat wenig Geld und kann sich keine Umzugsfirma leisten. Wir haben trotzdem ein komisches Gefühl dabei und wollen die Mutter nicht brüskieren. Was sollen wir tun?

Friederike K.

Antwort von Jesper Juul:

Sie werden sehr schnell erschöpft sein, wenn Sie versuchen, die ganze Zeit »fair« zu sein. Sollte die Freundin tatsächlich brüskiert reagieren, antworten Sie ihr: »Wir sehen beide von euch als unsere Freunde an und möchten helfen, wenn es möglich ist. Bitte zwingt uns nicht, Partei zu ergreifen. Wir wollen in diesen Konflikt nicht reingezogen werden, weil wir sonst alle verlieren.« Menschen, die sich durch das Leben unfair behandelt fühlen, müssen eine existenzielle Entscheidung fällen: Will ich dieses Unrecht, das ich empfinde, überwinden, indem ich mich meiner eigenen Verantwortung an den Problemen stelle, oder will ich die Rolle des Opfers annehmen. Falls Ihre Freundin nicht ihren eigenen Anteil an den Problemen sehen kann, wird sie dafür bedauerlicherweise mit einer reduzierten Lebensqualität und am Ende auch mit Einsamkeit bezahlen.

Meine Grenzen

Im Kindergarten meines 5-jährigen Sohnes gibt es eine Mutter, die ständig fragt, ob unsere Jungs zusammen spielen können. Ich hab' ihn einige Male hingeschickt, weil das für mich praktisch war. Im Grunde mag er den Jungen aber nicht sehr, und ich habe das Gefühl, dass die Mutter eher Kontakt zu mir sucht. Ich bin aber mit Job, Kindern und alten Freunden ausgelastet. Nur: Wie wird man Kindergartenmuttis wieder los?

Julia W.

Antwort von Jesper Juul:

Ich würde einfach und freundlich sagen: »Danke für Ihre Offenheit und Einladung. Bedauerlicherweise habe ich momentan weder Zeit noch Energie für neue Freundschaften, aber ich wäre glücklich, diese Angebote irgendwann später einmal anzunehmen.« Sie wollen wahrscheinlich gleichzeitig nett und ehrlich sein? Diese Kunst wird Ihnen nur gelingen, wenn Sie auch Empathie, Sympathie und das Bedürfnis empfinden, den anderen Menschen in Ihr Leben zu integrieren. Das aber wollen Sie gar nicht, also seien Sie einfach so höflich wie möglich, ohne Ihre Grenzen aufzugeben.

Ausgesperrt

Nach einem heftigen Streit mit seinen Eltern wurde der beste Freund meines Sohnes, 18, von ihnen ausgesperrt. Die Eltern reagieren damit auf seinen gelegentlichen Marihuana-Konsum. Sie haben da überhaupt keine Toleranz. Für mich als Mutter ist dieser Schritt sehr schockierend. Darf ich den Freund meines Sohnes so gut es geht unterstützen?

Judith E.

Antwort von Jesper Juul:

Oh, ja! Geben Sie ihm, was die Eltern scheinbar unfähig sind zu geben: Einen freundlichen Erwachsenen, mit dem er reden kann. Sie sind damit nicht illoyal gegenüber den Eltern, sondern stehen zu Ihren eigenen Werten. Nulltoleranz ist eine »Politik«, die alle menschlichen Aspekte ignoriert – und zwar auf beiden Seiten. Das kann bequem sein, aber es ist immer auch eine schmerzliche Position für Eltern.

Von Eulen und Lerchen

Meine Tochter (9) kommt abends nicht zur Ruhe. Sie ist sonst ein fröhliches Kind, in der Schule eher unterfordert. Sie liest viel, aber davon wird sie nur noch aufgekratzter. Wenn ich sie zwinge, das Licht auszumachen, liegt sie zunehmend verzweifelt stundenlang wach, hört um halb zwölf Uhr noch die Turmuhr schlagen. Morgens kommt sie dann nicht aus dem Bett, jammert und macht Theater. Wir sind ratlos.

Katharina H.

Antwort von Jesper Juul:
Haben Sie Geduld mit Ihrer Tochter. Sie wird ihren eigenen Weg finden. Sie weiß, dass sie in guten Händen ist. Die Lektion, die sie in diesen Monaten über sich selbst lernt, macht sie vielleicht mehr müde, als wir es gerne hätten, aber sie wird auch ihr Selbstbewusstsein und ihre Eigenverantwortung stärken.

Bettler

Mein fünfjähriger Sohn bleibt ständig bei Bettlern stehen und will ihnen Geld geben. Ich mag das nicht. Mir ist das unangenehm, und es hält uns auf. Aber was kann ich ihm sagen?

Mia R.

Antwort von Jesper Juul:
Wie wäre es mit der Wahrheit? »In unserer Familie geben wir Bettlern kein Geld. Wir finden andere Wege, die Armen zu unterstützen.« Auf diese Art kritisieren Sie niemanden, sondern lenken das Thema auf einen Ihrer Familienwerte. Wenn Sie das erklärt haben, umarmen Sie ihn und sagen Sie: »Ich bewundere trotzdem deine Empathie für diesen Mann.«

Andere Freunde

Mein 13-jähriger Sohn hat sich mit einem Jungen aus seiner Klasse angefreundet, den wir nett finden. Als wir aber vor Kurzem, sind wir erschrocken: Ihre politische Einstellung ist nahe an der AfD. Wir wollen mit diesen Eltern darum nichts mehr zu tun haben. Wie können wir das unserem Sohn erklären?

Vanessa S.

Antwort von Jesper Juul:
Ich gehe davon aus, dass Ihr Sohn den Erfolg der AfD bei den Wahlen mitbekommen hat und dass Sie Ihre Sorgen darüber mit ihm geteilt haben. Ein Vorschlag von mir wäre dann, Sie sagen: »Ich freue mich sehr, dass du einen guten Freund gefunden hast. Wie du weißt, halten wir die politischen Einstellungen seiner Eltern für falsch. Darum werden wir sie vielleicht bitten, nicht über Politik zu reden, wenn wir sie besuchen.« Eine andere Möglichkeit wäre, dass Sie offen und ehrlich zu den Eltern sind: »Ich kann mir nicht vorstellen, was einen bewegen kann, die AfD zu wählen, aber da ihr es nun mal getan habt – vielleicht er-

klärt ihr es mir?« Wenn die Eltern zustimmen, kritisieren Sie sie nicht für Ihre Wahl. Danken Sie ihnen einfach, dass sie bereit sind, mit Ihnen offen zu reden. Die beiden Jungen sollten bei dem Gespräch dabei sein. Wenn Sie dieses Risiko nicht eingehen wollen, sagen Sie das ihrem Sohn und fragen Sie ihn, ob er Ideen hat, wie er die Freundschaft erhalten kann, ohne dass die Eltern sich mehr als nötig begegnen.

Süßes

Auf dem Weg von der Grundschule zu seiner Mittagsbetreuung kommt mein neunjähriger Sohn an einem neu eröffneten Drogerie-Markt vorbei. Dort bekommen die Kinder Traubenzucker geschenkt. Ich möchte das nicht und werde mich deswegen bei der Geschäftsführung beschweren. Meine Mutter findet, ich übertreibe damit. Hat sie recht?

Luisa L.

Antwort von Jesper Juul:
Ich stimme Ihrer Mutter zu. Sie werden noch für ein paar Jahre die Macht und Kontrolle innerhalb Ihrer Familie haben, aber versuchen Sie nicht, diese auf Kontakte ihres Sohnes außerhalb der Familie auszudehnen. Sie können direkt mit ihm sprechen und sagen: »Mir wäre lieber, du würdest, Nein, danke' zu diesem Angebot sagen.« Und zum Ladenbesitzer: »Ich stimme Ihrer Politik nicht zu, aber Sie können in Ihrem Laden natürlich machen, was Sie wollen.« Auf diese Weise erreichen Sie zwei Dinge: Erstens: Sie zeigen Respekt für den Ladenbesitzer und seine Regeln. Und

zweitens: Sie sind ein Vorbild für Ihren Sohn, weil sie ihm vormachen, wie man eine gegenteilige Meinung kundtun kann, ohne jemanden frontal anzugreifen. Zeigen Sie ihm Ihre eigene Art zu argumentieren.

Lippenstift

Ich bin alleinerziehende Fotografin und hatte eine Ausstellungseröffnung. Meine Tochter (9) war fast so aufgeregt wie ich und überlegte lange, was sie anziehen sollte. Sie kam dann mit knallroten Lippen und Minirock aus dem Zimmer und sagte: »Ich hab' mich extra für dich schick gemacht, liebe Mama!« Es brach mir das Herz, aber ich bat sie, mindestens den Lippenstift abzunehmen. Was hätten Sie getan?

Sara R.

Antwort von Jesper Juul:
Was für eine wunderbare Idee von Ihrer Tochter und was für eine liebevolle Art, Ihnen ihre Liebe und Solidarität zu zeigen! Wenn Sie das sehen können, schlage ich vor, dass Sie ihr das sagen und dann hinzufügen: »Ich würde mich trotzdem noch mehr freuen, wenn du den Lippenstift wieder abwischen könntest. Der ist mir ein bisschen peinlich, weil du noch zu jung dafür bist.«

Experimentelles Lernen

Meine Schwiegereltern sind noch recht jung und passen oft auf unsere Kinder auf. Die Oma holt die Kinder ins Bad, wenn sie duscht, oder badet mit ihnen und läuft generell gerne in Unterwäsche herum. Mich als Vater irritiert das. Ich finde es seltsam, dass meine Kinder mit anderen nackten Erwachsenen zusammen sind. Bin ich da zu empfindlich?

Markus H.

Antwort von Jesper Juul:

Ja, Sie sind zu empfindlich. Ihre Kinder haben Glück, dass sie von Ihnen und Ihren Schwiegereltern zwei unterschiedliche Stile vorgelebt bekommen – und zwar jeweils von Erwachsenen, die sie lieben und denen sie vertrauen. Daran werden sie als Menschen wachsen, und es ist die beste Basis, um eigene Werte zu entwickeln, wenn sie mal Eltern werden. Wir nennen das experimentelles Lernen, und das ist viel wertvoller, als nur einen Lehrer zu kopieren. Wenn Sie diesen Reifeprozess unterstützen wollen, können Sie Ihre Kinder zum Gespräch einladen, etwa so: »Ich habe bemerkt, dass Oma oft nur in Unterwäsche rumläuft und mit dir badet. Sie macht das anders als ich. Hast du darüber auch schon nachgedacht, oder ist dir das egal?«

»Absurd«?

Seit September geht unser Sohn in die fünfte Klasse eines Gymnasiums und er hat gleich eine Fünf in Ma-

the geschrieben. Wir sind beide berufstätig und können uns nicht viel um ihn kümmern. Deshalb haben wir beschlossen, ihm Nachhilfe zu geben, damit er nicht abrutscht. Meine Mutter findet das absurd. Sie sagt, Kinder müssten sich auch mal alleine durchbeißen. Sind wir zu voreilig?

Clara S.

Antwort von Jesper Juul:

Ich bin anderer Meinung als Ihre Mutter. Wenn Ihr Sohn nicht auch sonst alles hinterhergetragen bekommt und überbehütet ist, finde ich Ihren Ansatz besser. Es ist oft schwierig, Rat von unseren eigenen Eltern anzunehmen. Dass Ihre Mutter Ihren Ansatz »absurd« nennt, wird höchstwahrscheinlich Narben in Ihrem Verhältnis hinterlassen, und Sie werden künftig zumindest vorsichtiger abwägen, was Sie Ihrer Mutter erzählen. Viele Großmütter geraten durch unbedachte Äußerungen in diese Art von Machtkampf mit ihren Töchtern. Stellen wir uns einmal vor, Ihre Mutter hätte mich vorher kontaktiert und gesagt: »Ich glaube, meine Tochter ist eine tolle Frau, aber mit ihrem Sohn geht sie falsch um. Wie kann ich ihr helfen und ihr das sagen, ohne dass sie sich schlecht fühlt?« Meine Antwort wäre, dass sie einen Weg finden muss, bei dem Sie als Tochter gestärkt werden und sich gut fühlen. Wenn das erreicht ist, können Sie ein offenes Gespräch über sich beide als Mütter wagen.

Eine verantwortungsvolle Beziehung

Ich lebe von dem Vater meines Sohnes seit einem Jahr getrennt. Seit vier Wochen hat er sich gar nicht mehr gemeldet, davor haben wir alle paar Tage kurz telefoniert. Meinen Sohn vertröstet er. Zuletzt sagte er einen Besuch (er lebt in Spanien) zu, dann hörten wir nichts mehr. Ich würde den Kontakt gerne abbrechen, da er sich so unzuverlässig verhält. Darf ich?

Nicole H.

Antwort von Jesper Juul:

Bevor Sie irgendeine Entscheidung treffen, schlage ich vor, dass Sie den Vater hiermit konfrontieren: »Es ist schwierig für mich rauszufinden, wie interessiert du daran bist, eine verantwortungsvolle Beziehung zu deinem Sohn aufzubauen. Ich weiß, dass es unserem Sohn genauso geht, darum bitte ich dich, dir darüber klar zu werden, statt mich zu zwingen, das für dich zu entscheiden. Lass mich wissen, wenn du dafür irgendeine Unterstützung brauchst.« Auf diese Art appellieren Sie an sein eigenes Verantwortungsgefühl, also an die Frage, welche Art von Vater er eigentlich sein will. Das könnte ihn dazu bewegen, sich seinem Sohn zuzuwenden. Es sei denn natürlich, er sieht sich selbst als Opfer. Dann kommt sein Sohn in zehn Jahren und fragt: »Warum wolltest du mich nicht sehen?« Das Opfer wird sagen: »Du weißt schon, wie deine Mutter ist...« dagegen würde der verantwortungsvolle Vater, selbst wenn er sich jetzt mehr meldet, sagen: »Es war zu kompliziert für mich damals. Ich war zu verstrickt in den Machtkampf mit deiner Mutter und hab' mich selbst nur als Verlierer gesehen. Heute würde ich es gerne noch mal versuchen.«

Nagellack

Wir haben zwei Mädchen (2 und 3 Jahre). Während die Kleine – zu unserer Freude – auf Traktoren und Technik steht, tendiert die Große zu lila und pinken Mädchensachen, und nun will sie auch Nagellack. Mein Mann und ich sind gegen diese rosafarbene Erziehung. Nagellack ist nicht gut für die Nägel, und sie soll nicht zur Diva werden. Aber sie bittet mich immer wieder. Was soll ich tun?

Theresa R.

Antwort von Jesper Juul:

Sie können sich für die kurze und autoritäre Version entscheiden: »Wir wissen, dass du diese Dinge magst. Du kannst sie gerne benutzen, wenn du größer und alt genug bist. Da du jetzt aber erst drei Jahre alt bist, haben wir beschlossen, dir das nicht zu erlauben.« Oder die flexible Version: »Du möchtest diese Dinge haben, die so sehr gegen alles sind, was wir für gut für kleine Kinder halten, darum ist unser erster Impuls, es dir zu verbieten. Bevor wir das aber tun, würden wir trotzdem gerne wissen, warum dir das so wichtig ist.«

Respekt statt Schimpfen

Beim Besuch unserer Enkel (2, 6, und 7 Jahre alt) hat der Mittlere gezielt eine von uns geschenkte Pflanze mit einem Ball beworfen und fast zerstört. Als ich ihn dafür kritisierte, reagierte er aggressiv und beschimpfte mich als dumme alte Frau. Seinen Vater nennt er manchmal »Arschloch-Papa«. Wir sind beunruhigt. Machen wir aus einer Mücke einen Elefanten?

Irmtraut G.

Antwort von Jesper Juul:

Kinder zeigen solche Reaktionen häufig, wenn auch die Erwachsene viel schimpfen (»Du bist schuld, ungezogen, frech, taub«) und damit Kinder für etwas verantwortlich machen, statt die Verantwortung zu teilen. Letzteres könnte so gehen: »Wenn du solche Sachen machst, weiß ich, dass du wütend auf mich bist. Bitte sag mir, was ich falsch mache.« Kinder kopieren ihre wichtigsten Erwachsenen, und selbst wenn die Erwachsenen ihre Worte mit Bedacht wählen: Ihre Augen und Gesichter verraten ihre Gefühle. Darum wird auch das Kind sofort aufhören, die Erwachsenen zu beschimpfen, wenn diese ihr Verhalten und ihre Sprache ändern. Es geht dabei nicht darum, nett oder weich zu sein. Es geht darum, dass Sie Ihre Grenzen in einer respektvollen Art klarmachen, und den Kindern so den Wert von zwischenmenschlichem Respekt beibringen.

Ton aus

Wenn ihre fünfjährige Tochter im Raum ist und Nachrichten kommen, dreht meine Schwester immer das Radio aus. Ist das nicht ein irregeleiteter Schutzreflex? Ab wann sollten Kinder mitbekommen, dass es so etwas wie Krieg und Katastrophen gibt?

Marie H.

Antwort von Jesper Juul:

Das kann ich nur schwer beantworten, weil ich die Gründe Ihrer Schwester nicht kenne. Mein Rat, der für alle beteiligten hilfreich sein wird, ist, reden Sie mit Ihrer Schwester: »Ich habe bemerkt, dass du versuchst, deine Tochter vor schlechten und verstörenden Nachrichten zu schützen, und ich wüsste gerne, warum du das tust.« Sollte Ihre Schwester defensiv reagieren (»Was ist daran verkehrt?«), dann wäre Ihre nächste Bemerkung: »Ich weiß nicht, weil ich nicht sicher bin, ob du sie nur beschützt oder sie übermäßig beschützt.« Wenn Sie Ihre Schwester nach ihren Gründen fragen, können Sie auch qualifizierter reagieren. Sonst können Sie nur Ihre generelle Meinung verkünden, die wahrscheinlich weder für Ihre Schwester noch für das Kind sehr wertvoll ist.

Einmischen?

Als kinderloses Paar fahren wir oft mit einer befreundeten Familie in den Urlaub. Dabei ist uns aufgefallen, wie stark die Eltern Ängste auf die Kinder (7, 10) übertragen, die unsere Patenkinder sind. Machen wir einen

Spaziergang, fragt der Vater, ob sie schon Seitenstechen haben. Wenn wir kochen, sagt die Mutter, die Kinder würden das eh nicht mögen, und bereitet etwas Eigenes vor. Dürfen wir uns einmischen?

Timo L.

Antwort von Jesper Juul:

Ich bin mir nicht sicher, ob ich ein Einmischen empfehlen würde. Den Eltern geht es, wie den meisten Eltern: Sie sind sich des Unterschieds zwischen sich selbst und ihren Kindern nicht bewusst, oder dieser Unterschied interessiert sie nicht. Meine Empfehlung wäre, dass Sie entweder genau das tun, was die Eltern auch immer tun. Oder Sie fragen die Kinder, was sie gerne hätten. Dann halten Sie sich daran und sagen den Kindern auch, dass Ihnen ihr Input wichtig ist. Später können Sie den Kindern noch einen pädagogischen Hinweis geben, indem Sie sagen: »Ich denke, ihr seid beide alt genug, um für euch selbst zu entscheiden. Bei mir könnt ihr das üben.«

Pornografie

Jungen schauen heute im Schnitt mit elf Jahren ihren ersten richtigen Porno, heißt es in Studien. Das kann zu einer gestörten Sexualität führen, weil sie Sex nicht mit Liebe und Zärtlichkeit assoziieren. Ich hab' mir vorgenommen, das Thema aktiv anzugehen und mit meinem elfjährigen Sohn zusammen einen Porno anzusehen. Eine gute Idee?

Gerd K.

Antwort von Jesper Juul:

Die vorpubertären Jugendlichen von heute brauchen verantwortungsbewusste Erwachsene – Eltern, Großeltern und Lehrer –, die den Mut haben, sie über den entscheidenden Unterschied zwischen Sex aus Liebe und Pornografie aufzuklären. Das ist eine Art von Elternschaft, bei der es uns allen an Vorbildern fehlt, also fangen Sie doch so an: »Ich muss mit dir über Pornografie sprechen, was nie ein Thema zwischen mir und meinen Eltern war, also weiß ich selbst nicht recht, wie ich das anfangen soll... Können wir das?«

Persönliche Grenzen

Ich bin alleinerziehende Mutter eines 13-jährigen Jungen. Wir waren von Anfang an allein, und er hat sich zu einem normalen Teenager entwickelt. Im Grundschulalter litt er unter Verlustängsten, mit dem Schlafen tut er sich seit jeher schwer. Ich habe ein großes Ehebett, und ab und an möchte er noch bei mir schlafen. Ich spüre, dass er dann Geborgenheit braucht. Ist es schlimm, wenn ich das zulasse?

Martina K.

Antwort von Jesper Juul:

Nein, das ist ganz und gar nicht schlimm. Sie beide leben gerade ein altes Sprichwort aus: Kein Mensch ist eine Insel. Sie suchen mit dieser Frage einen Expertenrat. Das finde ich mutig. Ich möchte Sie aber ermutigen, Ihrem eigenem Instinkt zu trauen. Mir wird diese Frage in Varianten nun seit vier Jahrzehnten immer und immer wieder gestellt, und ich habe keinen Anlass, irgendwelche Modelle oder Methoden zu empfehlen. Ich habe nur diesen Rat: Lassen Sie sich von Ihrem eigenen Gefühl leiten: Sie spüren, ob Ihr Sohn Ihre persönlichen Grenzen nicht verletzt, und ob er dieses Privileg gerade noch braucht.

Wie beschützen?

Meine Tochter (9) sagte neulich beim Blick auf ihren aufgeblähten Bauch: »Alle sagen, ich bin zu dick.« Mir ist auch aufgefallen, dass sie noch etwas Babyspeck hat. Übergewichtig ist sie nicht. Trotzdem habe ich übertrieben schnell »das stimmt nicht« gesagt. Das hat sich unecht angehört und ihr auch nicht geholfen. Wie hätte ich in der Situation reagieren sollen?

Nadja L.

Antwort von Jesper Juul:

Sie beschreiben eine Situation, die Millionen Eltern jeden Tag mit ihren Töchtern und Söhnen erleben. Die meisten von uns wollen ihre Kinder beschützen, in diesem Fall vor negativen Gefühlen. Eine bessere spontane Antwort wäre aber gewesen, »Ich sehe es nicht so.« Als Nächstes sollten Sie dann fragen: »Wer sind ›alle‹... und bist du ihrer Meinung?« Wenn das beantwortet ist, wäre es gut, eine Reihe von offenen Gesprächen zu haben, die damit beginnen sollten, dem Kind den Unterschied zwischen »Selbst-Gefühl« und »Selbst-Vertrauen« zu erklären. Selbstgefühl, so wie ich es definiere, beschreibt, ob das Kind sich wohl in seiner Haut fühlt, ob es sich geliebt und angenommen fühlt, so wie es ist. Beim Selbstvertrauen geht es eher um das Auftreten und um eigene Leistungen. Beides ist wichtig, wie ich in meinen Büchern geschrieben habe. In den Gesprächen wird Ihnen beiden klar werden, ob Ihre Tochter verletzbar ist – sei es wegen geringem Selbst-Gefühl oder Selbst-Vertrauen.

Empathie mobilisieren

Unsere Tochter (22) sitzt im Rollstuhl und ist geistig stark eingeschränkt. Sie liebt Klavierkonzerte. Wir gehen oft mit ihr dorthin, sie sitzt am Rand und summt glücklich mit. Natürlich hören einige Gäste das, und da wir Abokarten haben, sitzen dort öfters die gleichen. Ein Paar guckt immer grimmig, und ich habe sie auch schon »Wieder die« stöhnen hören. Was soll ich tun?

Marlies M.

Antwort von Jesper Juul:
Seit vier Jahren sitze ich selbst im Rollstuhl und weiß daher aus Erfahrung, dass manche Menschen das (oder mich?) störend finden. Wenn Ihre Tochter dazu noch Spaß am Mitsummen hat, kann ich mir die Reaktionen einiger Menschen vorstellen. Aber davon abgesehen glaube ich, dass Summen viele Menschen im Konzert tatsächlich stört. Mein Vorschlag wäre, dass Sie vor dem Konzert zu Ihrer Tochter sagen: »Ich weiß, dass du Musik liebst und gerne dazu summst, aber ein paar der anderen Musikliebhaber mögen das nicht. Versuche bitte, es zu lassen.« Ich weiß nichts über Ihre Tochter, und ob sie in der Lage wäre, das zu verstehen. Aber ich bin mir sicher, dass ein persönlich vorgebrachter Vortrag Eindruck auf sie machen wird,

und dann versteht sie vielleicht besser, wenn Sie sie beim nächsten Mal an der Schulter tippen oder »Pst« sagen. Außerdem können Sie sich und Ihre Tochter dem Paar vorstellen und sagen: »Es tut uns leid, wenn ihr Summen Sie nervt. Wir versuchen so gut, wie es geht, sie davon abzuhalten.« Versuchen Sie, Empathie zu mobilisieren, statt zurückzuschießen oder beleidigt zu sein.

Unsere Grenzen

Die Zimmer meiner Kinder sind voller Sachen, die entweder kaputt sind oder nicht mehr verwendet werden: dreirädrige Autos, ungeliebte Kuscheltiere. Ich miste von Zeit zu Zeit mit meinen Kindern aus, aber manchmal entsorge ich auch Sachen, ohne sie zu fragen. Mein Mann findet das nicht in Ordnung. Hat er recht?

Laura K.

Antwort von Jesper Juul:

Ich tendiere dazu, Ihrem Mann recht zu geben. Es gibt zwei Alternativen, wie Sie vorgehen können: Eine wäre zu sagen: »Okay, wenn du einen besseren Weg hast, dann zeig mir nächstes Mal, wenn ich mal wieder etwas Ordnung ins Kinderchaos bringen will, wie du es machen würdest. Wenn er Sie nämlich nur kritisiert, behandelt er Sie genauso unfair wie Sie die Kinder. Also sagen Sie ihm nächstes Mal, wenn wieder aufgeräumt werden muss, Bescheid. Er mag dann die Notwendigkeit aufzuräumen infrage stellen, aber das ist nicht das Thema. Es geht darum, wie man mit Kindern redet, wenn deren Verhalten einen stört. Ein zweiter Weg wäre, ihn zu fragen, was an Ihrer Art ihn stört und wie er es ändern würde. In diesem Fall wie in tausend anderen Fällen auch geht es nicht darum, was die Kinder tun, sondern wie wir als Erwachsene mit unserer eigenen Frustration umgehen, ohne ihre Grenzen zu verletzten.

Seelenleid

Unser Sohn ist vor zwölf Jahren an Krebs gestorben. Seither friert unsere Schwiegertochter unseren Kontakt zu den Enkeln ein. Wir dürfen nicht mit den Zwillingsbuben, 12, telefonieren, und sie reagieren nicht auf Briefe und Geschenke. Die Mutter hat nie erklärt, warum. Sie hat neu geheiratet. Um unser Seelenleid zu minimieren, ziehen wir uns nun zurück, hoffend, dass die Enkel später Kontakt suchen. Richtig?

Rainer und Erika F.

Antwort von Jesper Juul:
Was für eine traurige Geschichte! Ich glaube, Ihre Entscheidung ist sehr weise. Sie zeigt auch, was in vielen Familien immer noch ein Geheimnis ist: dass Schwiegereltern oft nur für den Ehefrieden toleriert werden, anstatt dass man sie wertschätzt für das, was sie den Enkelkindern geben können. Ihre Enkel sind jetzt zwölf Jahre alt und werden sehr bald in der Lage sein, ihre eigenen Entscheidungen zu treffen. Mein Rat wäre, den Kindern in den sozialen Netzwerken zu folgen, wenn das möglich ist. Dann würde ich einige Jahre warten, bevor ich die Zwillinge direkt kontaktieren würde. In der Zwischenzeit betrauern Sie Ihren

Verlust – damit Sie ein offenes Herz haben, wenn der Kontakt wieder hergestellt werden sollte. Vermeiden Sie aber Bitterkeit.

Angeben

Meiner fünfjährigen Tochter macht es offenbar Spaß zu lügen und andere Leute auszutricksen. Sie spielt im Kindergarten vor, dass sie krank ist. Oder sie erzählt, dass die Babysitterin sie stundenlang fernsehen lässt, obwohl das definitiv nicht stimmt. Probiert sie sich nur aus? Oder muss ich mir Sorgen machen?

Sarah R.

Antwort von Jesper Juul:
Diese Frage ist für mich schwer zu beantworten, ohne mehr über die Beziehung zwischen Ihnen und Ihrer Tochter zu wissen, aber hier ein Versuch: Wir sagen oft über Kinder und ihr sonderbares Verhalten, dass sie »Aufmerksamkeit suchen«, so als wären sie nach Applaus heischende Primadonnen auf einer Bühne. Meiner Erfahrung nach ist das aber fast nie der Grund. Was oft stimmt, ist dass sie »gesehen« oder erkannt und wertgeschätzt werden wollen als die, die sie sind. Versuchen Sie, darüber nachzudenken, und verbringen Sie mehr Zeit mit ihr, ohne ihr dabei etwas beizubringen, sie zu trainieren, zu korrigieren, zu loben oder zu kritisieren. Wenn ich recht habe, wird ihre »Angeberei« in wenigen Wochen verschwinden.

Ernste Aussprache

In dunklen Momenten denke ich darüber nach, wer auf unsere drei Kinder (1, 3 und 7) aufpasst, wenn wir sterben. Mir graut davor, dass zwischen den Großeltern ein Streit um die Kinder losgehen könnte. Ich würde das gerne jetzt festlegen. Am liebsten wäre mir, dass sie zu meinen Eltern kommen, da die noch fitter sind. Mein Mann ist dagegen. Das führe zu unnötigem Streit.

Alma W.

Antwort von Jesper Juul:

Das ist für mich fast unmöglich zu beantworten, da ich nicht weiß, ob einer von Ihnen krank ist und so weiter. Es scheint jedoch ratsam zu sein, dass Sie und Ihr Mann darüber reden, wie Sie beide zu Ihren Eltern und Schwiegereltern stehen. Wenn Eltern sich derart uneins sind, gibt es immer zwei Wege: Machtkampf (den ich nicht empfehle) oder ernste Aussprache. Mit ernst meine ich, dass jeder von Ihnen sich alle Zeit der Welt nimmt, um die folgende Frage zu beantworten: »Warum will ich, dass meine Eltern die Kinder nehmen?« Der andere hört zu und unterbricht nicht. Wenn der Monolog zu Ende ist, hören Sie auf. Am nächsten Tag ist der andere dran, und Tags drauf wieder der erste. Sie machen weiter, bis alles gesagt wurde. Dann warten Sie ein paar Tage. In ernsten Konflikten werden die wichtigsten Dinge meisten in den ersten 15 Minuten gesagt. In den Pausen dazwischen aber nähert man sich manchmal aneinander an.

Ohrlöcher

Ein befreundetes Paar hat gerade eine Tochter bekommen. Die Mutter ist Spanierin und möchte dem Baby Ohrlöcher stechen lassen. In Spanien ist das üblich, oft schon kurz nach der Geburt. Ich finde das furchtbar und schon fast an Körperverletzung grenzend. Darf ich etwas sagen?

Jutta S.

Antwort von Jesper Juul:
Ich bin hier etwas verwirrt. Was geht Sie das an? Beschneidung bei Mädchen und Frauen (weibliche Genitalverstümmelung) ist eine »Körperverletzung«, aber wenn diese spanische Mutter ihrem Kind Ohrlöcher stechen lässt, ist das – was den Schmerz oder das lebenslange Trauma angeht – wirklich gar nicht vergleichbar.

Moralvorstellungen

Mein Vater ist vor ein paar Jahren gestorben. Jetzt hat meine Mutter mit 68 Jahren einen neuen Freund. Er ist 73 Jahre alt. Die beiden halten die ganze Zeit Händchen und küssen sich. Ich finde das irgendwie abstoßend. Kann ich denn von ihnen verlangen, dass sie sich zumindest vor ihren Enkeln wie normale Großeltern verhalten?

Kristiana R.

Antwort von Jesper Juul:
Warum sollten Sie? Beantworten Sie ehrlich diese Frage, dann können Sie daraus vielleicht einige

schmerzhafte und zugleich wertvolle Lektionen über sich selbst, Ihre Eltern, Ihre Ehe oder sonst was lernen. Ich weiß nicht, wie alt Ihre Kinder sind. Aber irgendwann verhalten sie sich sicher genauso, wenn sie einen ersten Freund oder eine erste Freundin mit nach Hause bringen. Stellen Sie sich diese Situation vor. Würde Sie das genauso stören? Viele – wahrscheinlich sogar die Mehrheit – der erwachsenen Kinder haben ein Problem damit, sich vorzustellen, dass ihre Eltern Sex haben. Geht es Ihnen genauso? An meinen Fragen können Sie sehen, dass ich Ihre Moralvorstellungen unter die Lupe nehme und Sie auch selbst dazu ermuntern will. Wenn Sie das getan haben, schreiben Sie bitte noch mal. Dann werde ich gerne meine Gedanken mit Ihnen teilen.

Kein Machtkampf

Mein Mann ist schon länger in seinem Job frustriert. Jetzt hat er einen tollen Posten in einer entfernten Kleinstadt angeboten bekommen. Wir sind als Familie aber super in Hamburg integriert, die Kinder gehen hier zur Schule, ich habe einen spannenden, wenn auch nicht gut bezahlten Job. Ich finde es egoistisch, wenn er zusagt. Er sagt, man darf sich gegenseitig keine Chancen verbauen.
Alma K.

Antwort von Jesper Juul:
Das ist ein ernsthafter Test für jede Beziehung und keine moralischen Regeln (wie etwa die Ihres Mannes) sind ausreichend gute Richtlinien. Nach meiner Erfahrung kann nur ein Prozess Dilemmata, wie diese

lösen. In Ihrem Fall beginnt er damit, dass Ihr Mann Ihnen seine Wünsche vorstellt, und zwar so, dass er wirklich das Gefühl hat, seine Situation voll und ganz dargelegt zu haben. Ihre Rolle ist es, ihm zu helfen alles auszudrücken. Sie dürfen ihm dabei nicht widersprechen. Nach ein paar Tagen sind Sie an der Reihe, Ihre Lage vorzustellen, und er muss Ihnen helfen, alle guten Gründe für Ihre Sicht zu finden, ohne zu widersprechen. Setzen Sie sich ein paar Tage später wieder zusammen. Dann sagen Sie, wo Sie jetzt stehen, und er tut Gleiches. Paare brauchen unterschiedlich viel Zeit für diesen Prozess, aber nehmen Sie sich Zeit. Sie sollten definitiv die Kinder als Zeugen involvieren und später auch ihre Meinung erfragen. Wenn Sie keine Zeit mehr haben, kann Ihr Mann auch wegziehen und Sie machen weiter, wenn Sie sich sehen. Ich möchte Sie aber davor warnen, den Machtkampf fortzusetzen, den Sie begonnen haben. Sie werden mit vier Verlieren und einer zerbrochenen Familie enden.

Verantwortung für die Lösung

Meine 19-jährige Tochter, die früh von zu Hause ausgezogen ist, wohnt seit einem Aufenthalt in Neuseeland wieder bei uns. Inzwischen seit fast fünf Monaten, geplant waren einige Wochen. Die Stimmung ist gut, sie gibt sich Mühe mit meinem Lebenspartner. Aber es findet eine schleichende Inbesitznahme des Hauses statt, die mir nicht passt. Darum möchte ich, dass sie auszieht. Wie sage ich ihr das?

Katja D.

Antwort von Jesper Juul:

Ein Problem wie dieses lässt sich nur lösen, wenn Sie sich mit allen zusammensetzen und Sie Ihr Anliegen schildern – und zwar ohne Unterbrechung. Danach können die anderen Vorschläge machen, wie sie dazu beitragen können, dass sich die Situation verbessert. Auf diese Weise stellen Sie sicher, dass am Ende alle Verantwortung für die Lösung tragen, und nicht Ihrer Tochter die Verantwortung und die Schuld zufällt. Sie setzen sich also gemeinsam hin und sagen: »Tatsache ist, dass du (Name Ihrer Tochter) deine Pläne geändert hast, und länger als geplant bei uns bleiben willst.« An dieser Stelle wird Ihre Tochter Sie unterbrechen und sich erklären wollen. Definieren Sie dann Ihre Regeln: »Ich mache dir gar keinen Vorwurf, ich frage dich nur um Hilfe. Aber dafür musst du dich gedulden und mich ausreden lassen.« Dann reden Sie weiter, ohne auf Ihre Zustimmung zuwarten. »Wir müssen einen Weg finden, bei dem wir alle unsere Grenzen definieren. Ich würde gerne beginnen mit ...«

Loyalität

Meine Schwiegereltern schenken unserer Tochter, ihrer einzigen Enkelin, extrem viel. Zu Weihnachten gibt es ganze Puppenhäuser und beim Besuch Stofftiere oder Lego und Bonbons. Unsere Tochter liebt sie dafür, und es ist ja auch großzügig. Ich finde es aber zu viel. Und finde auch, dass sie, die das Kind nicht viel sehen, sich damit die Liebe erkaufen. Darf ich ihnen das verbieten?

Lona S.

Antwort von Jesper Juul:

Natürlich können Sie Ihren Schwiegereltern das Schenken verbieten, aber damit schaffen Sie sich drei neue Probleme. Weder Sie noch ich können letztlich beurteilen, ob Oma und Opa sich wirklich die Liebe ihrer Enkelin erkaufen wollen. Darum würde ich ein solches Argument nur bringen, wenn Sie einen Familienkrieg wollen. Ratsamer wäre es, dass Sie Ihren Mann die Sache mit seinen Eltern besprechen lassen, und zwar ehrlich und persönlich, etwa so: »Ich möchte mit euch über eure Großzügigkeit gegenüber unserer Tochter sprechen, weil sie sich für uns nicht richtig anfühlt. Bevor wir irgendwas beschließen, wüsste ich gerne von euch, warum ihr so viel Geld für sie ausgebt.« Möglicherweise reagieren Ihre Schwiegereltern darauf defensiv, oder sie greifen Sie und Ihren Partner sogar an. Ihr Mann sollte versuchen, das zu ignorieren und bei seiner Frage zu bleiben. Mir ist klar, dass diese Auseinandersetzung schwierig für Ihren Mann werden könnte. Aber im Leben eines Mannes kommt ein Moment, wo er erwachsen werden muss, und dazu gehört, dass er seine Loyalität dort zeigt, wo sie hingehört: bei seiner Frau und Tochter.

Statt Beschuldigungsspiel

Mein Schwager und seine Frau vertreten die Ansicht, dass Kinder alle Streitigkeiten untereinander klären sollen. Ich denke, das ist auch in Ordnung, wenn die Kinder im gleichen Alter sind. Nun ist es aber so, dass mein Sohn (2) gegen ihren Sohn (5) meist den Kürzeren zieht und es Tränen gibt. Darf ich als Mutter beschützerisch/ erzieherisch eingreifen, oder haben die beiden recht?

Maria L.

Antwort von Jesper Juul:

Beziehungen können nur dann konstruktiv sein, wenn Kompromisse möglich sind. In diesem Fall gebe ich Ihnen recht, einfach weil die soziale Macht so ungleich verteilt ist: Der Fünfjährige hat viel mehr intellektuelle, emotionale, verbale und auch physische Macht in diesem Konflikt. Ich weiß nicht, wie gut Ihr Zweijähriger sich verbal ausdrücken kann, aber wenn er schon gut spricht, kann ein Erwachsener, wenn es mal wieder Tränen gibt, eine Auszeit verhängen und beide Kinder fragen, ob sie Hilfe brauchen. Wenn nur einer von beiden Ja sagt, wäre die nächste Frage: »Wie kann ich helfen?« Zweijährige können für ältere Geschwister, Vettern oder Cousinen furchtbar nervig sein, und darum braucht vielleicht auch der Ältere ein paar gute Ideen, wie er seine eigenen Grenzen verteidigt, ohne dabei andere verbal oder körperlich zu verletzten. Ohne dass ich Ihren Schwager kenne, würde ich annehmen, dass dies eine akzeptable Intervention wäre, weil sie damit nicht in das übliche Beschuldigungsspiel verfallen.

Fotografieren

In unserer Familie ist ein Streit darüber entbrannt, ob unser Sohn, 7, sich von seinen Großeltern fotografieren lassen muss. Beim letzten Besuch weigerte er sich, weil ihm »nicht danach war«. Die Großeltern sehen das als Affront und finden, er hätte ihnen den Gefallen tun müssen. Ich fand, man muss seine Bedürfnisse respektieren. Zu Recht?

Katharina P.

Antwort von Jesper Juul:

Ich stimme Ihnen zu. Wie können die Großeltern erwarten, dass er ihre Grenzen respektiert, wenn sie es bei ihm selbst nicht tun? Sie können den Großeltern folgenden Rat von mir weitergeben: Manchmal können Erwachsene viel erfolgreicher sein, wenn sie keinen Gefallen von Kindern erwarten, sondern sie respektieren, wenn sie also zum Beispiel sagen: »Ich würde dich gerne um einen Gefallen bitten, wenn ich darf.« Ein cleverer Siebenjähriger wird »Welchen Gefallen?« antworten. Und dann können sie sagen, dass sie so gerne ein Foto von ihm hätten und warum. Damit sie damit Erfolg haben, müssen sie aber von heute und bis in 20 Jahren auch ein Nein akzeptieren. Höchstwahrscheinlich aber wird er Ja sagen, wenn sie freundlich fragen.

Erbe

Ich habe zwei Kinder mit großem Altersabstand (elf und eins). Ihr Großvater, der kürzlich verstorben ist, hat zeit seines Lebens für jeden Enkel zum Geburtstag 1000 Euro auf ein Konto überwiesen, das sollten sie mit 18 bekommen. Meine ältere Tochter hat nun also 11 000 Euro, die jüngere 1000. Meine Frau und ich fragen uns jetzt: Müssen wir das ausgleichen?

Herbert F.

Antwort von Jesper Juul:

Ich sehe, dass Sie in einem Dilemma stecken, aber für mich ist es, schwierig zu verstehen, welche Werte Sie bei Ihrer Entscheidung leiten. Ich halte das für eine Angelegenheit zwischen einem Großvater und seinen Enkeln, die er regelmäßig unterstützen wollte. Er hätte absehen können, dass die Ältere mehr bekommt als die Jüngere, wenn er stirbt, bevor beide Kinder volljährig sind, aber er hat es so geregelt. Als Eltern würde ich mich aus dem Großelternplan raushalten, und zwar bei lebenden genauso wie bei verstorbenen Großeltern. Also: Nicht ausgleichen!

Mein Kuchen

An unserer Grundschule findet ein Flohmarkt mit Kuchenbuffet statt. Der Erlös kommt der Schule zugute. Ich habe keine Zeit, selbst zu backen, und spende deswegen einen gekauften Kuchen, den ich etwas verziere. Nun haben mich die Mütter gebeten, selbst zu backen. Ich finde das übergriffig. Was soll ich tun?

Astrid L.

Antwort von Jesper Juul:

Sagen Sie sich selbst und auch den anderen Müttern: »Ihr stellt mich vor ein Dilemma, denn ich habe nun mal keine Zeit zu backen und kann die Dinge also nicht so machen, wie ihr es erwartet. Wenn es euch schwerfällt, mit meiner Lösung zu leben, dann muss ich damit leben.« Mütter lassen ihr eigenes schlechtes Selbstbewusstsein viel zu oft an anderen Müttern aus. Sie machen sich selbst groß, indem sie über andere

Mütter lästern und sie schlechtmachen. Das ist aber ein primitives Verhalten, das es nicht verdient hat, dass Sie ernsthaft darauf eingehen.

Kontrolle

Unsere Enkelin 15, hat alterstypischen Ärger mit ihren Eltern. Nach einem Streit hatte sie sich wieder mal in ihrem Zimmer eingeschlossen und nicht mehr geantwortet. Als sie kurz zur Toilette musste, hängten ihre Eltern die Zimmertür aus. Erst nach Tagen und dem Versprechen, sich nicht wieder zu verbarrikadieren, bekam sie die Tür zurück. Wir finden das nicht in Ordnung – und Sie?

Theo F.

Antwort von Jesper Juul:

Ich bin vollkommen Ihrer Meinung. Die Eltern verletzen grob die Privatsphäre der Tochter. Meine Vermutung ist, dass die Eltern das Verhalten des Kindes schon immer stark kontrolliert haben. Möglicherweise hat die Tochter das lange hingenommen. Wenn sie sich jetzt verbarrikadiert, will sie damit sagen: »Es reicht! Genug ist genug. Ich bin nicht euer süßes, angepasstes Töchterchen mehr. Ich bin ich selbst, eine unabhängige Person.« Hätten sich die Eltern selbst mit dieser Frage an mich gewandt, hätte ich ihnen dringend empfohlen, einen offenen Dialog mit dem Kind zu suchen. Sonst riskieren sie, die Tochter ganz zu verlieren.

Möchtegern-Freundin

Meine Tochter, 6, hat eine Klassenkameradin, die sehr an ihr hängt – und sie auch jedes Mal zum Geburtstag einlädt. Sie selbst spielt ab und zu mit ihr, will sie aber trotzdem nicht einladen. Ich finde, das geht nicht. Wie sehen Sie das?

Julia S.

Antwort von Jesper Juul:
Ich bin da anderer Meinung als Sie. Die Möchtegern-Freundin Ihrer Tochter klebt an Ihrem Kind. Die Reaktion Ihrer Tochter ist nichts anderes als ein laut und deutliches »Tut mir leid, aber ich bin nicht an der Freundschaft mit dir interessiert«. Indem sie die Klassenkameradin einfach nicht zum Geburtstag einlädt, bricht sie mit unserer Konvention, die eine Gegeneinladung erfordert. Ich würde das aber anerkennen, zum Beispiel so: »Meine eigene Generation hat gelernt, immer zu lügen, wenn man jemanden nicht dabeihaben wollte. Man musste sich dann irgendeine Entschuldigung ausdenken, warum er oder sie nicht kommen kann. Du darfst aber ruhig direkter sein. Deine Beziehungen werden dadurch einfach werden. Ich beneide dich darum.«

Ausbeuterische Beziehung

Unsere Tochter, 8, hat eine Freundin, die sehr dominant ist. Sie lässt sich von unserer Tochter Spitzer, Talisman und Geld schenken und verbietet ihr, uns davon zu erzählen. Unsere Tochter hat deshalb behauptet, sie hätte die Dinge verloren. Sagt unser Kind Nein, droht die andere: »Du bist nicht mehr meine Freundin.« Sollen wir eingreifen? Wir sorgen uns auch wegen schlechter Einflüsse in der Zukunft, etwa Rauchen.

Anita S.

Antwort von Jesper Juul:

In diesem Alter sind Freundschaften sehr wichtig, darum müssen wir in Situationen wie diesen, wo man sich als Eltern einmischen muss, besonders vorsichtig vorgehen. Ich schlage vor, dass Sie einen Moment abwarten, in dem der Kontakt zu Ihrer Tochter gerade gut und friedlich ist, und dann sagen Sie etwas in dieser Richtung: »Ich sehe, dass du unter dem Konflikt mit deiner Freundin leidest, und ich würde gerne ein paar eigene Erfahrungen mit dir teilen. Ist das okay? Weißt du, Freundschaften, für die einer bezahlen muss – sei es, indem er dem anderen Gefallen tun oder ein Geheimnis behalten muss, sind keine echten Freundschaften. Denn sie gründen sich nicht auf Liebe, sondern auf Ausbeutung. Das gibt es auch bei Beziehungen zwischen Erwachsenen, und es ist immer zerstörerisch. Ich werde mich nicht einmischen. Ich möchte nur, dass du weißt, dass ich für dich da bin, wenn du unglücklich bist.«

Zuviel verlangt

Mein Mann, 50, Ingenieur, verbringt eher wenig Zeit mit unserer Tochter, 3. Wenn er mal mit ihr »spielt«, filmt er sie entweder oder er beschäftigt sich kurz mit ihr und hat dann gleich wieder die Nase im iPhone und kom-

mentiert nur ab und zu ihr Spiel. Ich finde es respektlos, beim Spielen andere Dinge zu machen, kann ihm das aber nicht erklären. Können Sie es mal versuchen?

Doris M.

Antwort von Jesper Juul:

Wenn ein Kind ein Elternteil ins Spiel verwickeln will, sollten die Eltern sich auch mal darauf einlassen. Kinder brauchen dringend die Erfahrung, dass ihre Eltern gewillt sind, an ihrer Welt und ihrem Sein teilzuhaben – und zwar zu ihren kindlichen Prämissen und auf ihrem Level. Wenn Eltern in so einer Situation nicht reagieren, fangen die Kinder typischerweise an zu quengeln. Die Eltern sind dann womöglich gereizt. Dabei wartet das Kind aber eigentlich nur auf ein Zeichen der Empathie. Auch Ihre Tochter will nicht nerven, sondern mit dem Vater kooperieren. Wenn er ihr in so einer Situation signalisiert (und sei es nur indirekt), dass sie die Welt des Vaters respektieren und sich ihr anpassen soll – zum Beispiel, indem sie ihn in Ruhe am iPhone daddeln lässt –, dann verlangt er mehr, als sie geben kann.

Schwimmkurs

Meine Tochter, 7, ist eher schüchtern, aber sie ist eine Wasserratte und geht seit einiger Zeit sehr gerne in den Schwimmkurs. Jetzt möchten gute Freunde ihre ein Jahr ältere Tochter in den gleichen Kurs geben. Unsere Tochter ist der anderen oft unterlegen. Ich fürchte, dass die Große sie entmutigen wird. Darum würde ich den Freunden die Sache gerne ausreden. Ist das falsch?

Heike M.

Antwort von Jesper Juul:

Ihr Impuls, das Kind schützen zu wollen, ist in diesem Fall richtig. Die Schwierigkeit wird sein, wie Sie das formulieren, ohne dass es so aussieht, als wolle Ihre Tochter einfach nur die Bestimmerin in der Gruppe bleiben. Hier kommt mein Formulierungsvorschlag für Ihr Gespräch mit den Freunden: »Unsere Tochter durchlebt gerade einen heiklen Punkt in ihrer Entwicklung, wo sie versucht, etwas Selbstbewusstsein aufzubauen. Eine ihrer Stärken ist das Schwimmen, und wenn sie in die gleiche Gruppe wie eure Tochter kommt, wird sie sofort wieder anfangen, sich mit ihr zu vergleichen und sich minderwertig vorkommen. Aus diesem Grund würden wir uns wünschen, dass ihr eure Tochter in einen anderen Kurs einschreibt.« Ich denke, die andere Familie wird das verstehen.

Religiöse Ansichten

Meine Tochter, 22, ist vor Kurzem zum Islam konvertiert und hat – freiwillig! – beschlossen, ein Kopftuch zu tragen. Ihr Vater, bekennender Atheist, respektiert das, aber verlangt, dass sie das Kopftuch abnimmt, wenn er mit ihr unterwegs ist. Er möchte nicht ständig dieses für ihn negativ belegte Symbol vor Augen haben und auch nicht damit bedrängt werden. Muss sie Rücksicht nehmen oder er?

Andrea D.

Antwort von Jesper Juul:

Ich nehme an, dass Ihre erwachsene Tochter Sie in diesen Konflikt involviert hat, weil Sie ihre Klugheit schätzt. Wenn es so ist, müssen Sie sich einmischen. Ich würde ihr antworten: »Sag deinem Vater, dass du immer noch der gleiche Mensch unter dem Kopftuch bist, und hoffe, dass er in sich die Kraft findet, das wertzuschätzen. Genauso wie du auch ihn als Person schätzt – mitsamt seinen anderen religiösen Ansichten.«

Babysitterin

Unsere Tochter, 4, beschimpft die neue Babysitterin. Sie sagt: »Du bist ein Arschloch« und »Du bist alt und stirbst bald«, so hat es mir die Babysitterin erzählt. Auf Nachfrage erklärt meine Tochter, sie möge die Frau nicht. Aber wenn wir kommen, spielen sie friedlich. Sollen wir einen anderen Babysitter suchen? Unser Kind soll sich wohlfühlen, aber es soll nicht denken, dass so ein Verhalten Erfolg hat.

S. R.

Antwort von Jesper Juul:

Die Tatsache, dass Ihre Tochter friedlich mit der neuen Babysitterin spielt, zeigt nur, dass sie die Frau nicht hasst. Aber es bleibt dabei, dass Ihr Kind sich nicht gut mit ihr fühlt. Dafür könnte es mehrere Gründe geben: Sie könnte mitgekriegt haben, dass Sie sich selbst im Gespräch mit anderen Erwachsenen zweifelnd über die Babysitterin geäußert haben. Wenn das so ist, ist das Schimpfen ihrer Tochter nur ein

Ausdruck von Loyalität Ihnen gegenüber. Ich empfehle Ihnen, das Kind zu fragen, was es an der Babysitterin nicht mag, ob sie zum Beispiel etwas Doofes sagt. Dann sagen Sie: »Danke, ich werde darüber nachdenken und überlegen, ob ich irgendetwas ändern muss. Ich sag dir Bescheid, wenn ich das entschieden habe.« Ich gehe davon aus, dass Ihre Tochter Ihnen vertraut. Deshalb könnte es auch sein, dass sie die Sache nach diesem Gespräch vergisst, einfach nur – weil Sie sich von Ihnen ernst genommen fühlt.

Fleisch?

Ich bin seit meiner Kindheit Vegetarierin. Meine Schwester und ihre Familie essen Fleisch. Als meine Nichte, 7, nachfragte, habe ich ihr erklärt, dass ich keine Tiere essen will. Danach mochte sie kein Lamm mehr. Meine Schwester ist natürlich genervt, sie will kein Theater ums Essen. Aber deshalb lügen? Ich finde es wichtig, dass Kinder wissen, dass Fleisch nicht an Bäumen wächst.

Emma N.

Antwort von Jesper Juul:
Heutzutage ist es nur eine Frage von Tagen oder Wochen, bis ein Freund oder Lehrer dem Kind diese Zusammenhänge klarmachen wird: Dass wir mit jeder Entscheidung, die wir treffen, auch das Klima beeinflussen – sei es, ob wir nun einkaufen gehen oder das nächste Familien-Menü planen. In diesem Fall kam es von Ihnen, und ich denke, beide Seiten – Sie und Ihre Schwester – würden Ihnen allen drei einen Ge-

fallen tun, wenn Sie das Mädchen fragen würden, warum es sich von Ihren Gedanken angezogen fühlt, und warum es Sie nachmachen möchte. Es ist eine schlechte Angewohnheit, immer einen Schuldigen zu suchen.

Klimawandel

Unser Sohn, 11, soll mit seiner Klasse ins Skilager fahren. Ich finde es widersinnig, in Zeiten des Klimawandels Kindern so eine teure und umweltschädliche Sportart beizubringen. Was kann ich tun?

Max F.

Antwort von Jesper Juul:
Wenn Sie es nicht ohnehin schon getan haben, schlage ich vor, dass Sie Ihre Bedenken mit Ihrem Kind, den Lehrern und wenn möglich auch mit anderen Eltern teilen. So können Sie rausfinden, ob die anderen Beteiligten ähnliche Gedanken haben. Womöglich teilen viele Eltern ihre Umweltbedenken oder haben Mühe, das Geld für die Skireise aufzubringen, und freuen sich, wenn einer diese Art von Klassenfahrt in Frage stellt. Wenn Sie der Einzige mit den Klimawandel-Bedenken sind oder wenn nur wenige Eltern Ihre Meinung teilen, dann haben Sie immer noch Ihr Bestes gegeben und können es erneut im nächsten Jahr versuchen.

Eingeschränkt

Ich bin seit 45 Jahren glücklich verheiratet. Mein Mann ist seit langer Zeit an Parkinson erkrankt, läuft wackelig und sieht schlecht. Trotzdem ist er weiterhin sehr unternehmungslustig, überschätzt aber, was er noch kann. Da Fahrradfahren für ihn zu anstrengend geworden ist, wünscht er sich nun ein Elektrofahrrad. Ich halte das für viel zu gefährlich. Muss ich ihn trotzdem lassen?

Stefanie M.

Antwort von Jesper Juul:

Wie Sie vielleicht wissen, sitze ich seit 2012 im Rollstuhl und seitdem habe ich viele professionelle Helfer und Freunde getroffen, die mich gerne, wo immer es nur ging, unterstützen wollten. In meiner Ausbildung zum Familientherapeut hat mich aber einer meiner Lehrer einen wichtigen Satz gelehrt: »Nehme nie einem Kind eine Aufgabe ab, die es selbst erledigen könnte. Oder frage es zumindest: Darf ich das für dich tun?« In Ihrem Fall ist Ihr Mann in einem ähnlichen Entwicklungsprozess, in dem er seine neuen Einschränkungen kennenlernen muss. Deshalb rate ich Ihnen, etwas in dieser Art zu sagen: »Ich hab' Angst, dass das Elektrofahrrad zu gefährlich für dich ist, obwohl ich deinen Wunsch verstehe. Können wir beide ein paar Nächte über die Sache schlafen? Und wenn du es dann immer noch willst, werde ich mich dir nicht in den Weg stellen.«

Schule wo?

Ich lebe von der Mutter meiner Tochter, 9, getrennt. Wir erziehen im Wechselmodell. Jetzt kommt das Kind aufs Gymnasium. Wir sind uneins, wo, da wir in der gleichen Stadt, aber 40 Minuten entfernt voneinander wohnen. Die Mutter will eine Schule in der Mitte, ich möchte, dass sie in meinem Sprengel bleibt. Dort war sie bislang, und dort sind ihre Freunde. Sie soll auch nicht noch mehr rumgondeln, finde ich.

Max L.

Antwort von Jesper Juul:
Ich empfehle, dass Sie drei sich in Ruhe zusammensetzen und der Tochter genau Ihre unterschiedlichen Sichtweisen erklären. Danach sagen Sie: »Jetzt würden wir gerne deine Meinung dazu hören. Das heißt nicht, dass du entscheiden darfst, sondern nur, dass wir versuchen, deine Meinung in unseren Entscheidungsprozess einzubeziehen. Es wird sicher auch in Zukunft noch öfter Meinungsverschiedenheiten zwischen uns beiden geben, weil wir in manchen Fragen anderer Meinung sind oder andere Werte haben. Trotzdem wollen wir beide das Beste für dich. Und darum ist es uns auch wichtig, dich ab und zu an der Diskussion teilhaben zu lassen.«

Veränderungen?

Meine Eltern (75 Jahre, starke Raucher) wohnen seit den Siebzigerjahren in der gleichen unrenovierten, zunehmend vollgestopften Wohnung mit abgewetzten Mö-

beln. Spricht man sie darauf an, sagen sie, Veränderung lohne nicht mehr. Wir erwachsenen Kinder wollen sie nun auf eine Reise schicken und in ihrer Abwesenheit alles streichen und ein neues Sofa kaufen. Ob sie sich freuen?

Christian K.

Antwort von Jesper Juul:

Ich bin erst 70, aber ich mag auch keine Veränderungen. Der richtige Weg, wie sie Ihren Wunsch, die Wohnung Ihrer Eltern umzugestalten, umsetzen können, ist deshalb, es offen anzusprechen. Vielleicht lassen sie sich überzeugen, wenn Sie klarmachen, dass Sie alles in die Hand nehmen? Wenn Ihre Eltern den Vorschlag aber ablehnen, müssen Sie Ihren Plan eigentlich aufgeben. Denn bei einer heimlichen Aktion riskieren Sie Frust und Wut und wahrscheinlich auch einen Vertrauensbruch für die Zukunft.

Patchwork

Ich bin seit einem Jahr von der Mutter meiner Kinder (21 und 6 Jahre) getrennt. Nun habe ich eine Freundin, die gut mit den Kindern harmoniert. Als meine Ex-Frau davon hörte, sagte sie, ich müsse ihr sagen, mit wem die Kinder Umgang haben, und es sei unverschämt, dass sie meine Freundin »ertragen« müssten. Ich glaube, sie macht meine Freundin vor den Kindern schlecht. Wie soll ich mich verhalten?

Robert E.

Antwort von Jesper Juul:

Wenn Sie sich getrennt haben, hat Ihre Frau kein Recht, sich in Ihr neues Leben einzumischen. Ich gehe mal davon aus, dass sie klar vereinbart haben, wer die Kinder wann nimmt. Dann gilt: ihre Zeit, Ihre Regeln. Trotzdem kann es natürlich sein, dass die Mutter mitbekommen hat, dass eins Ihrer Kinder Probleme mit Ihrer neuen Freundin hat. Sollte das der Fall sein, dann müssen das Kind, Ihre Freundin und Sie damit zurechtkommen. Niemand, weder die Kinder noch Ihre neue Freundin müssen sich gegenseitig mögen. Je klarer das ist, und je weniger Druck Sie da machen, desto eher werden sie aufeinander zugehen können.

Billig

Unsere Kinder (4 und 6) bekommen von ihren lieben, sparsamen Großeltern immer Discounter-Kleidung geschenkt. Wir lehnen die Sachen wegen der Produktionsbedingungen ab. Früher habe ich alles im Altkleidercontainer entsorgt. Nun aber sind die Jungs größer, und Oma wird bald fragen, wie die Sachen gefallen. Die Kinder lieben die Großeltern, Streit würde ich gerne vermeiden. Wir sind ratlos!

Anne B.

Antwort von Jesper Juul:

Sagen Sie den Großeltern: »Wir schätzen alles, was ihr unseren Kindern gebt, und würden das sogar noch mehr tun, wenn ihr Kleidungsstücke aussucht, die nicht unter derart fragwürdigen Bedingungen hergestellt wurden. Es ist aber eure Entscheidung, die wir respektieren.« Großeltern machen oft Dinge, die wir als veraltet, überholt oder unpassend empfinden. Sie leitet dabei aber der gleiche Wunsch wie uns: den Kindern etwas Gutes zu tun.

Stellvertreterkrieg

Beide Omas wohnen mehrere Hundert Kilometer von uns entfernt. Meine Mutter besuche ich regelmäßig mit den Kindern, die Schwiegermutter allerdings so gut wie nie. Die findet das ungerecht. Mein Mann verlangt daher von mir, nicht mehr so oft zu meiner Mutter zu fahren, damit seine nicht beleidigt ist. Ich sehe das gar nicht ein. Wer hat recht?

Veronika S.

Antwort von Jesper Juul:
Ich denke, Sie schulden Ihrer Schwiegermutter eine Erklärung für ein Verhalten, das diese ganz offensichtlich als unfair empfindet. Und ich denke, Sie schulden es allen Beteiligten, dass Sie den dahinterliegenden Konflikt zwischen Ihrem Mann und sich selbst klären. Hier geht es um die Beziehung zwischen Ihnen beiden und nicht um die Beziehung zu Ihren Eltern/Schwiegereltern. Viel zu oft werden die Eltern zu Sündenböcken in Stellvertreterkriegen zwischen den Ehepartnern.

Aber ich will

Unsere neunjährige Nichte besucht uns manchmal in den Ferien. Nach spätestens drei Tagen bekommt sie regelmäßig starkes Heimweh. Sie weint dann ohne Unterlass. Auch ein Telefonat mit den Eltern hilft nicht, sodass sie abgeholt wird. Wir geben uns die größte Mühe und unternehmen viel mit ihr. Langsam aber sind wir auch sauer. Sollen wir den nächsten Besuch ausfallen lassen?

Daniel R.

Antwort von Jesper Juul:

Ich fände das keine logische Reaktion. Bei Familien, die ich mit einem solchen Dilemma beraten habe, hat Folgendes am besten funktioniert: Wann immer das Mädchen Heimweh hat, sollten Sie ihm anbieten, die Eltern anzurufen und ihnen zu sagen, wie sehr sie sie vermisst. Wie immer, funktioniert auch hier die Wahrheit am besten, darum sollten die Eltern am besten wie folgt reagieren: »Ich vermisse dich auch, aber ich halte durch und freu mich schon sehr, dich bald wiederzusehen.« Dann wird das Kind vermutlich antworten: »Aber ich möchte jetzt abgeholt werden!« Die Eltern sollten dann klar bleiben und sagen: »Es tut uns leid, aber das geht nicht.« »Aber warum?« »Weil wir manchmal unsere eigenen Bedürfnisse an erste Stelle stellen müssen.« »Aber das ist unfair!« »Das stimmt, aber so ist das Leben manchmal.«

Blöd

Unser vierjähriger Sohn schimpft oft wie ein Rohrspatz. Daheim haben wir aufgehört, darauf zu reagieren, auch weil es überhaupt nichts bringt und wir einfach abwarten, bis es vorüber ist. In der Öffentlichkeit ist es uns hingegen äußerst peinlich, wenn er mal wieder Zwanzigmal »Du bist blöd!« schreit. Ist es falsch, unser Kind nur in der Öffentlichkeit zu maßregeln?

Kai S.

Antwort von Jesper Juul:

Es ist okay, aber Ihr Sohn wird nicht damit aufhören, bis Sie zu Hause für Klarheit sorgen. Die meisten Drei- bis Vierjährigen benutzen eine Weile lang Schimpfwörter, um herauszufinden, wie sie im Umgang mit anderen funktionieren. Da braucht es Eltern, die ihnen freundlich, ernst und klar ihre Grenzen zeigen – ohne Kritik an ihnen zu üben. Etwa so: »Ich mag nicht, wenn du solche Wörter benutzt, und ich will, dass du damit aufhörst.« Mehr nicht. Keine Versprechen, keine Abkommen, keine Drohungen, keine Strafen. Geben Sie Ihrem Sohn dann die Zeit und den Raum, die Ansage auch zu verdauen. Das trifft auf all unsere persönlichen und sozialen Grenzen zu und wie unsere Kinder diese aufnehmen und daraus lernen. Wenn wir versuchen, das Verhalten unserer Kinder zu korrigieren, fühlen sie sich schlecht und nicht geschätzt. Das führt oftmals dazu, dass sie anfangen, das Benehmen der Eltern zu kopieren. Auch wenn die meisten Eltern niemals die gleiche Sprache benutzen würden wie ihr Kind, so senden sie doch die gleiche Botschaft: Wenn du dich so verhältst, lieben wir dich nicht.

Pubertät

Unser zehnjähriger Sohn bekommt erste pubertäre Anwandlungen. Noch recht harmlos, aber manchmal wird er sehr wütend und tobt. Ich weiß, dass ich lernen muss, wie ich mit seinen Hormonschüben umgehe. Aber gerade finde ich das noch lustig und neige dazu, ihn zu veräppeln. Natürlich kommt das bei ihm nicht so gut an. Ist es schlimm, Kinder in der Pubertät auf den Arm zu nehmen?

Janina K.

Antwort von Jesper Juul:

Das ist erlaubt, aber nicht, wenn er es hören kann. Es schadet der Beziehung zu Ihrem Sohn, weil es ihn auf eine hormonelle Phase reduziert. Würden Sie es mögen, wenn er Sie als Reaktion darauf als »typische Frau in den Wechseljahren« bezeichnet? Dass Sie sich frustriert und hilflos fühlen, ist hingegen total okay. Das führt häufig zu aggressiven Gefühlen und Verhalten. Ich habe die Hoffnung, dass Sie bereit dafür sind, sich als Mutter und Frau weiterzuentwickeln, und dass sein unstetes Verhalten Ihr zwischenmenschliches Gespür und Verhalten provoziert und inspiriert. Ein Tipp: Teenager hassen Eltern, die alles besser wissen. Sie sehen, dass ihre Eltern kein perfektes Leben führen ... und sie verzeihen ihnen das jeden Tag, aber erst nachdem sie geschrien haben: Ich hasse dich für immer! Das liegt an all dem Guten, das ihnen die Eltern mitgegeben haben. Nur wird es ein paar Jahre dauern, bis sie das auch zugeben können. Wenn die Beziehung auf einem guten Fundament stehen soll, ist es nun Ihre Aufgabe, ihr Kind zu lieben, egal, was gerade vorgefallen ist.

Inkontinent

Mein Sohn ist in der 5. Klasse und hat seit jeher Probleme mit dem Zur-Toilette-Gehen. Es ist schon besser geworden, aber manchmal nässt er sich ein, weil er nicht auf das Schulklo will oder es nicht merkt. Ich schäme mich sehr für ihn und fürchte, dass er ausgegrenzt wird. Der Arzt kann keine körperliche Ursache finden. War es falsch von uns zu hoffen, dass sich das Problem auswächst?

Katharina U.

Antwort von Jesper Juul:

Es war nicht falsch, aber es hat sich gezeigt, dass Ihr Plan zu optimistisch war. Zunächst sollten Sie Ihren Sohn in jede neue Strategie, die Sie haben, einweihen. Probieren Sie die jeweils vier bis sechs Wochen aus und gehen Sie dann zur nächsten über. Ich schätze, dass Sie bisher vermieden haben, sich aktiv und empathisch einzumischen. Jetzt ist jedenfalls die Zeit gekommen, damit anzufangen. Sprechen Sie zunächst als Eltern darüber, was emotional hinter seiner Inkontinenz stecken könnte oder steckt. Vergessen Sie nicht, auch darüber nachzudenken, wie es Ihnen beiden zu der Zeit ging, als Sie von ihm verlangten, sich selbst zu kontrollieren. Nachdem Sie Ihre Strategien ausprobiert haben, könnte es sinnvoll sein, einen erfahrenen Familientherapeuten einzuweihen. Aber am wichtigsten ist, Ihren Sohn nun von Anfang an in Ihre Gespräche zu diesem Thema einzubinden. So wird er verstehen, dass nur er sein Problem lösen kann. Kein Erwachsener kann das für ihn übernehmen, sie können ihn lediglich dabei unterstützen. Ihnen sollte klar sein, dass die Welt voll ist mit physiologischen wie psychologischen Theorien zu diesem Problem. Suchen Sie den Weg, der zu Ihnen passt, und geben Sie die Verantwortung nie an jemand anderen ab.

family/lab.de® – die familienwerkstatt

www.familylab.de
www.familylab.at
www.familylab.ch

familylab.de – die familienwerkstatt ist eine unabhängige Organisation und die Adresse für Eltern, Lehrer, Mitarbeiter in Unternehmen, die eine solide Basis im Umgang miteinander finden wollen. Für Menschen, die gerne ihre eigenen Werte, im Dialog mit den Erfahrungen von Jesper Juul und familylab bezüglich Familienleben und Kindererziehung, entwickeln wollen.

In der *familienwerkstatt* sind wir Spezialisten darin, Vorträge und Seminare zu gestalten, in denen Eltern und professionelle Fachleute Anregungen und Ideen zu ihrer Arbeit finden können. Und um die bestmögliche Chemie innerhalb der Familie, zwischen Kindern und Erwachsenen, wie auch in Beziehungen innerhalb von Schulen und Betrieben, zu schaffen.

Zum einen haben wir den Wunsch, durch Vorträge, Seminare, Workshops, Symposien, Bücher, Artikel und Filme für Eltern und für Fachleute die psychosoziale Gesundheit und das Wohlergehen der heutigen und zukünftigen Eltern und Kinder zu verbessern. Damit wollen wir die vielen unterschiedlichen Familien darin unterstützen, gesunde Beziehungen zu schaffen, ohne Gewalt und Missbrauch bei Kindern, Jugendlichen und Erwachsenen.

Zum anderen wollen wir durch öffentliche Bildung, Dialoge, Formulierung von Werten und dem Verbreiten von relevanten, wissenschaftlichen Erkenntnisse die Art und Weise beeinflussen, wie Männer und Frauen über ihre Familien denken und sie aufbauen. Ebenso wollen wir die Werte und das Verhalten in Kinderkrippen, Kindergärten und Schulen so beeinflussen, dass eine optimale Umgebung für ein gemeinsames, soziales, emotionales, kreatives und akademisches Lernen entsteht.

Unsere Vision sind Familien, Institutionen und Gesellschaften mit viel weniger Gewalt, Missbrauch, Sucht und Vernachlässigung. Wir wollen allen guten Willen, Liebe und Hingabe mobilisieren, innerhalb von Familien, Organisationen, wie auch in der Gesellschaft als Ganzem.

»Das Schlüsselwort heißt Beziehung. Ihre Qualität entscheidet über unser Wohlbefinden und unsere Entwicklung als Mensch. Kinder werden mit allen wesentlichen menschlichen Qualitäten geboren und haben daher auch dieselbe Verletzlichkeit und Überlebensfähigkeit wie Erwachsene. Eltern zu sein bedeutet, eine Rolle im Leben einzunehmen, die uns vor große Herausforderungen stellt. Das sogenannte Problem oder Symptom ist nicht so wichtig. Wichtig ist die Person, die das Symptom trägt. Wir können das Problem nicht lösen, aber wir können Menschen darin unterstützen, destruktive Systeme, Perspektiven und Verhalten ins Konstruktive zu wandeln.«

Jesper Juul